Daniel Hoch

33

REZEPTE

gegen

AUFSCHIEBERITIS®

TEIL 2

© 2020 Daniel Hoch

Umschlaggestaltung: honigbart®, Jürgen Schulz

Lektorat/Korrektorat: Lisa Billing

Verlag: Erfolgshoch Verlag (Inh. Daniel Hoch),
                        Karl-Liebknecht-Straße 66, 04275 Leipzig

Druck: tredition GmbH, Hamburg

ISBN Paperback: 978-3-948767-15-0
ISBN E-Book: 978-3-948767-16-7
ISBN Hörbuch: 978-3-948767-49-5

Bibliografische Information der Deutschen Nationalbibliothek:
Die Deutsche Nationalbibliothek verzeichnet diese Publikation
in der Deutschen Nationalbibliografie; detaillierte bibliografische
Daten sind im Internet über http://dnb.d-nb.de abrufbar.

Inhalt

1
Einleitung

Halli Hallo, meine lieben Leser und Leserinnen!

Da sind wir wieder, im zweiten 33-Rezepte-Buch gegen „Aufschieberitis – Die Volkskrankheit Nr. 1"! Du kriegst wohl einfach nicht genug?! Das ist super, denn dann hast Du wahrscheinlich begriffen, dass das nicht so einfach ist mit der Aufschieberitis. Du erinnerst Dich bestimmt noch an einige Rezepte aus dem ersten Buch, beispielsweise an das Rezept *Eat the Frog*, dieses stellt die Regel auf, die nervigsten Aufgaben immer als allererstes zu erledigen. Das gibt Power für den restlichen Tag und hilft ultimativ gegen die Aufschieberitis, denn wir schieben ja für gewöhnlich das Nervigste immer weiter auf, also einfach knallhart damit den Tag beginnen, wenn wir noch die meiste Energie haben. Oder denk zurück an die *Goldene Stunde*, eine Stunde am Tag, in der Du Dich von Nichts und Niemandem ablenken lässt. Eine Stunde nur für Dich! Und noch ein kleiner Rückblick zum *Gegenteiltag*: dieses Rezept ist sehr hilfreich, wenn Du Dich unglücklich fühlst und nicht weißt, warum. Was will ich eigentlich? Das ist keine leichte Frage, jedoch gibt es eine Gegenfrage, die Du garantiert beantworten kannst: Was will ich auf keinen Fall? Setz Dich hin und beschreibe Deine persönlich schlimmste Vorstellung von Deinem Job, Deinem Zuhause, Deiner Beziehung und so weiter. Danach betrachtest Du Deine Antworten und drehst sie einfach um – so ziehst Du aus den Dingen, die Du nicht willst, die Dinge, die Du willst! Das waren nur kurze Erinnerungen an ein paar Rezepte aus dem ersten Buch. Jetzt geht's direkt weiter mit der Aufschieberitis in Buch Nummer 2!

Immer und immer wieder schleicht sich die Aufschieberitis ein und besonders zum kalten Jahresende erkranken wir öfters daran. Die guten Vorsätze sind schon lange weggeblasen und die fehlende Wärme motiviert auch nicht gerade. Aber seien wir mal ehrlich, ob Winter oder Sommer – aufgeschoben wird immer. Im Sommer willst Du lieber die Sonne genießen und im Winter ist es viel zu kalt, um wirklich aktiv zu werden. So ein Bullshit! Es gibt keine richtige Jahreszeit zum Aufschieben! Als Motivationscoach und Top Speaker will ich Dir helfen, Deine Aufschieberitis unter Kontrolle zu bekommen. Ich gebe Dir die wichtigsten Hilfsmittel an die Hand, damit Du endlich anfängst, Deine Pläne und Ziele auch wirklich umzusetzen und nicht immer mitten auf dem Weg dann doch abzubrechen. Durch kleine Erfolgserlebnisse steigert sich Deine Disziplin und Willensausdauer stetig weiter. Step by step. Erstmal angefangen, wird die Bekämpfung Deiner Aufschieberitis zu einer Art Sucht, einer positiven Sucht. Wie ist das zu verstehen? Na, eigentlich total selbsterklärend, Du kennst das Gefühl garantiert auch: Erledigst Du eine nervige Aufgabe, die Du vielleicht schon lange vor Dir herschiebst, entsteht bei Vollendung ein positives Gefühl. Du hast es geschafft! Dieses Gefühl motiviert Dich, noch mehr zu schaffen. Dein Tatendrang ist geweckt! Das Erledigen Deiner To-Dos schüttet

Glückshormone in Dir aus! Dieser Ratgeber ist also nicht nur eine Hilfe, um gegen Deine Aufschieberitis anzukämpfen, sondern auch eine Anleitung zum Glücklichsein. Keine Angst, die esoterische Schelle verteile ich nicht allzu oft, mir geht es um effektive und klare Hilfestellungen. Und damit geht es jetzt direkt los! In diesem Büchlein geht es nämlich nur um Rezepte! Rezepte, Rezepte und Rezepte! Ganz im Gegensatz zu meiner ersten Veröffentlichung „Aufschieberitis – Die Volkskrankheit Nr. 1", dort befasse ich mich, neben einigen Rezepten, auch ausgiebig mit den Symptomen, Ausreden und Ursachen von Aufschieberitis. Grundsätzlich empfehle ich Dir auch das Lesen des dicken Schmökers, doch für alle, die schnelle Veränderung wollen, ist dieses Werk perfekt. Ein fixer Einstieg mit sofort anwendbaren Tipps und Tricks. Wie versprochen, geht's jetzt los!

Als allererstes möchte ich mit einer Erfolgsgeschichte anfangen. Kennst Du den Namen Richard Branson? Ich muss zugeben, er ist nicht ganz so bekannt wie Steve Jobs oder Mark Zuckerberg, doch definitiv nicht weniger wichtig. Wer ist Richard Branson? Geboren in England, mit mäßigen Schulnoten und letztlich ohne Abschluss, schaffte es Branson als Unternehmer zum Millionär. Seine Karriere verlief nicht ohne Rückschläge, doch blieb er immer dran und das zahlte sich aus. Leider bekommen wir nicht allzu oft die Chance, mit Erfolgsmenschen wie Branson in Kontakt zu treten, um einfach mal nachzufragen: Was ist Dein Trick? Was rätst Du mir? In diesem Fall nicht weiter schlimm, denn Branson ist kein egoistischer Mensch und hat einige einfache, doch effektive Tipps veröffentlicht. Es gibt ihn, den sagenumwobenen Weg zum Erfolg. Und auch wenn Du es selbst vielleicht noch nicht glaubst, Du gehst ihn aus eigener Kraft. Dein Background oder Deine momentane Situation spielen keine Rolle. Hört sich klischeehaft an, ich sag's trotzdem:

Du selbst bestimmst Deine Zukunft!

Es gilt, sich an folgende Regeln zu halten. Hier kommt der 10-Schritte-Plan des inspirierenden Richard Branson. Dieses Rezept hilft Dir, einen allumfassenden Karriereplan aufzustellen und Deine persönlichen Ziele auch wirklich umzusetzen!

Richard Bransons
10-Schritte-Plan

1. **Jede(!) Idee aufschreiben**
   *Auch wenn Du denkst, dass die Idee keinerlei
   Zukunft hat oder generell einfach völlig aus der
   Luft gegriffen ist, schreib sie **trotzdem** auf! Jede
   Idee wächst und entwickelt sich, dafür ist es
   nützlich sie immer mal wieder im Auge zu haben.
   Schreibst Du sie ohne Wenn und Aber auf, vergisst
   Du sie nicht und hast einen präzisen Überblick
   Deiner Ideen.*

2. **Immer ein Notizbuch dabei haben**
   *Um Deine Idee immer aufzuschreiben, brauchst Du
   gezwungenermaßen auch Stift und Papier ständig
   bei Dir. Noch besser: Eine freie Seite in Deinem
   Notizbuch, auf der Du alle Ideen sammelst.
   Versuch es wirklich immer dabei zu haben!
   Behandle es wie Deinen Hausschlüssel und Dein
   Smartphone, ohne gehst Du nicht raus.*

3. **Individuelle Listenmethode finden**
   *Es kommt noch ein ganzes Kapitel über die
   Vorteile einer genauen Listenführung und
   verschiedener Arten von Listen. Blättere ruhig
   schon mal in Kapitel 4 vor und schau, welche Liste
   Dich persönlich anspricht.*

4. *Jeden Tag eine Liste mit kleinen, schaffbaren Aufgaben*
   Um eine tägliche treibende Kraft zu finden, schreibst Du Dir für jeden Tag immer eine Extraliste mit kleinen und schaffbaren Aufgaben. Diese sorgen für den nötigen Motivationsschub. Warum? Aufgrund des nächsten Punktes.

5. *Liste abhaken = Befriedigungsgefühl / Eigenlob*
   Fang wirklich an, Deine To-Do-Listen abzuhaken, Du machst Dir dadurch Deine Fortschritte visuell deutlich und das wirkt motivierend. Diese Motivation stärkt Deinen Willen und Dein Durchhaltevermögen. Das ist ja letztlich das Ziel und die beste Methode, Deine Aufschieberitis in den Griff zu bekommen.

6. *Ziele realistisch einordnen*
   Bleib realistisch bei Deiner Zielsetzung, sonst landest Du wieder im Teufelskreis der Frustration. Niemand kann von heute auf morgen 10 kg abnehmen, alles braucht Zeit. Insbesondere in Rezept Nr. 17 Das SMART(E)-Prinzip bekommst Du hierzu weitere Anregungen.

7. *Zukunftsziele setzen*
   Damit Du gegen Deine Aufschieberitis ankommst, ist es absolut notwendig, über Deine Zukunft nachzudenken. Du brauchst Ziele, die Du erreichen willst. Ziele, die Dich motivieren, dranzubleiben und weiterzumachen. Teile diese Ziele mit Anderen, so holst Du Dir Unterstützung und Ansporn, denn nun willst Du es nicht nur Dir, sondern auch den Anderen beweisen.

8. **Berufliche und persönliche Ziele gleichermaßen verfolgen**
Balance halten, ist das Wichtigste in allen Lebensbereichen. Zu extrem, egal in welche Richtung, ist nie gesund. Konzentriere Dich nicht immer nur auf ein einziges Ziel, dass Dich dann voll und ganz einnimmt. Falls Du scheiterst, liegst Du dann nämlich komplett am Boden. Lege Deinen Fokus auf mehrere Ziele, dann kannst Du immer nach Lust und Laune wechseln und vermeidest eine eingeschränkte Sichtweise. Das gilt insbesondere für die Balance zwischen beruflichen und persönlichen Zielen. Verfolge beide Seiten gleichermaßen, ansonsten wirst Du unausgeglichen und mit großer Sicherheit unglücklich.

9. **Ziele mit Anderen festlegen zur Motivation**
Sobald Du Deine Ziele mit Anderen teilst, sorgt das nicht nur, wie bereits erwähnt, für Unterstützung und Ansporn, sondern dient auch der Stabilisierung Deiner sozialen Kontakte. Zusammen mit einem Freund, einer Freundin oder Deinem Partner legt ihr los und motiviert euch gegenseitig. Insbesondere beim Sport funktioniert das sehr gut. Such Dir am besten jemanden, der extrem ehrgeizig ist, denn Ehrgeiz ist definitiv ansteckend. Für nervige Papierarbeiten suchst Du Dir einen Sparingpartner. Mit diesem triffst Du Dich und Ihr erledigt gleichzeitig festgelegte Aufgaben. Der eine macht Steuererklärung, der andere sortiert seine Kontoauszüge.

10. *Erfolge feiern und weitere Ziele festlegen*
Yeah! Geschafft! Und das muss auch gefeiert werden! Belohne Dich für Erfolge und gönne Dir Belohnungen. Mach das auch ruhig mal für Deine Kollegen und Freunde, jeder freut sich über Anerkennung. Diese sorgt zudem für ein gutes Arbeitsklima oder eine enge Freundschaft. Nachdem Du Dich belohnt hast, ruhst Du Dich aber nicht auf Deinen Zielen aus und überlegst Dir, was Du als nächstes erreichen willst.

Da sind also die zehn Schritte zum Erfolg von Richard Branson. Ich gebe zu, dass das sehr viel Input auf einmal ist. Einige Schritte sind selbsterklärend, auf andere werde ich noch speziell in den nächsten Rezepten dieses Büchleins eingehen. Du kannst also durchatmen, Du kriegst zu den einzelnen Punkten noch genauere Hilfe von mir. Vernachlässige die zehn Punkte trotzdem nicht und lies sie Dir immer mal wieder durch, bis Du sie verinnerlicht hast, denn durch diese gelingt Dir der Weg zu einer erfolgreichen Karriere und die Umsetzung Deiner persönlichen Ziele.

TO-DO

Setz Dich jetzt hin und arbeite die zehn Punkte ab. Schick mir Deine Gedanken gerne als E-Mail zu, ich gebe Dir mein persönliches Feedback:

presse@danielhoch.com

Alle Rezepte sind für jeden umsetzbar, es kommt nur darauf an, welche Dich persönlich am meisten ansprechen. Ich freue mich, dass Du den ersten Schritt gewagt hast und Deine Aufschieberitis überhaupt angehst. Soweit kommen die meisten nicht mal! Der 10-Schritte-Plan hat Dich vielleicht gerade etwas überfordert, doch genau das ist auch mein Plan. Ich will Dich mit Tipps und Tricks gegen Deine Aufschieberitis zuballern! Du wirst sie nämlich brauchen. Aufschieberitis ist kein kleiner Schnupfen, sondern eine chronische Grippe, gegen die es immer wieder anzukämpfen gilt. Natürlich liest Du in Deinem eigenen Tempo, nimm Dir die Zeit, die Du brauchst, um alle Rezepte zu lesen und auszuprobieren. Es bringt nichts, die folgenden Seiten durchzurasen, wenn Du nicht wirklich erkennst, welche Rezepte für Dich geeignet sind. Ich garantiere Dir, dass auf jeden Fall welche dabei sind, die zu Dir passen. Ähnlich wie im ersten Buch *33 Rezepte gegen Aufschieberitis* stehen auch in meinem zweiten Buch 33 konkrete Rezepte gegen Aufschieberitis. Auch hier war es mir besonders wichtig, eine vielfältige und umsetzbare Auswahl an Rezepten vorzustellen. Der Aufbau ähnelt ebenfalls Teil 1: Zuerst stelle ich Rezepte zum positiven Denken und zu den richtigen Einstellungen vor. Bevor wir mit konkreten Methoden und Gesetzen im Kapitel 3 loslegen, lässt Du Dich erstmal mental auf die ganze Sache ein. Zum Schluss gibt's dann noch praktische Hilfsmittel, zum Beispiel verschiedene Listen und Apps.

So, noch ein Ratschlag zu Deinem allgemeinen Selbstbild und dem Weg zur Veränderung Deiner lästigen Gewohnheiten.

Es gibt ein paar hilfreiche Fragen, die Du Dir zu Beginn stellen solltest. Einfach damit Du gedanklich ins Thema reinkommst und Dir der Einstieg leichter fällt. Vielleicht kennst Du sie noch aus Band 1, falls ja, beantworte sie trotzdem und vergleiche mit Deinen alten Antworten! Die Fragen helfen Dir, die Eigenschaften Deiner individuellen Aufschieberitis auszumachen. Nimm Dir für jede Frage einen Moment Zeit und schreibe die Antwort in Stichpunkten auf.

Schiebst Du (täglich) auf?

○ *JA*   ○ *NEIN*

Welche Dinge schiebst Du auf?

_____

_____

_____

Welche positiven Folgen hatte das Aufschieben schon für Dich?

_____

_____

_____

Welche negativen Folgen hatte das Aufschieben schon für Dich?

_____

_____

_____

Behalte diese Gedanken im Hinterkopf und überlege beim Weiterlesen, welche Rezepte Dir individuell weiterhelfen können. Es ist wichtig, alles so gut es geht zu definieren und zu konkretisieren. Wie auch in guten Beziehungen ist Kommunikation, dieses Mal nur mit Dir selbst, das Zauberwort. Doch was sind die richtigen Worte?

Die richtigen Worte zu finden, ist oft nicht einfach. Ob in Gesprächen mit Freunden oder dem/der Partner/in, immer wieder kommt es vor, dass die Worte ganz anders rauskommen, als wir eigentlich wollen. Diese Kommunikationsprobleme gibt es nicht nur auf der zwischenmenschlichen Ebene, sondern auch auf der Ich-Ebene. Kurz gesagt: Du redest auch nicht immer mit Dir selbst Tacheles und versuchst, Dinge vor Dir selbst zu verschönern. Für eine Verhaltensentwicklung ist das sehr destruktiv. Also, meine lieben Alltagsaufschieber, das ist jetzt Nichts für Weicheier: Richte auch harte Worte an Dich selbst. Beispiel: Du willst schon seit Jahren abnehmen und fühlst Dich einfach nicht wohl in Deiner Haut … Warum? Weil Du immer Süßigkeiten FRISST. Oder wie ist das mit Deinem Spanischkurs? Warum warst Du nicht dort letzte Woche? Weil Du FAUL bist. Wenn sonst niemand ehrlich mit Dir ist, sei Du es selbst. Das hört sich hart an, ist es nicht, wenn Du diese Worte als Ansporn wahrnimmst! Es gehört viel Mut zur Ehrlichkeit, es ist kein Wunder, dass Ehrlichkeit ein hochgeschätztes Persönlichkeitsmerkmal ist. Gib Deine ganze Power und entwickle Dich, wenn Du Entwicklung willst! Sobald Du mit Dir selbst Tacheles redest, gibt es nur noch eine wichtige Regel: Versinke nicht in Selbstmitleid, sondern fang an, etwas dagegen zu tun. Mach den allerersten

11

Schritt. Gib bei Rückschlägen nicht auf, sondern bleib dran. Wie das geht, erfährst Du jetzt mit den folgenden Rezepten!

2
Denken und Einstellungen

Jeder hat sein eigenes Denken und seine eigenen Überzeugungen, sein eigenes Weltbild eben. Das hängt mit unserer Kindheit, wie wir aufwachsen sind und mit unserem Umfeld zusammen. Es gibt Werte und Vorstellungen, die uns von klein auf begleiten. Im besten Falle: „Du kannst alles schaffen!", in unglücklicheren „Mach dir nichts vor!" Dein Denken ist enorm wichtig für Deinen Fortschritt. Oft kommst Du nicht weiter, weil Du Dir selbst im Weg stehst.

Denk mal an Deine/n beste/n Freund/in, was hat er/sie für einen Charakterzug, von dem Du immer wieder denkst: „Warum macht er/sie das immer wieder? Das ist doch bescheuert und komplett selbstzerstörerisch!" Hast Du mal was von der selbsterfüllenden Prophezeiung gehört? Wenn Du denkst, Du bist dick und nicht in der Lage abzunehmen, dann wirst Du das auch nicht. Hältst Du Dich für schüchtern und unattraktiv, ändert sich das nicht von allein. Es ist ein Teufelskreis, Du durchbrichst ihn nur mit Deiner eigenen Gedankenpower! Aktiviere sie und lass Dich inspirieren, schöpfe Kraft und mach Dich nicht selber fertig. Um Deine Gedanken und Einstellungen zu ändern, stellst Du sie als erstes infrage. Du eliminierst die, die Dich am Erfolg und an Deinen Träumen hindern. Lass Dich dabei bloß nicht von Anderen beeinflussen, Du entscheidest, was Du willst und kannst. Du lässt Dir von niemand sagen, dass Du Etwas nicht erreichen kannst. Lass Dich also nicht durch Andere einschränken. Auch wenn es weh tut, solchen Leuten wirst Du „Lebe Wohl!" sagen. Wenn Du nicht an Dich selbst glaubst, wer soll dann überhaupt an Dich glauben?

Noch ein kleines Beispiel das zeigt, was die Kraft unserer Gedanken bewirkt: Denk mal an den Placebo-Effekt! Es gibt wissenschaftliche Untersuchungen, die besagen, dass Patienten, die Placebo-Tabletten schluckten, den gleichen gesundheitlichen Effekt spüren, wie die Vergleichsgruppe mit den „echten" Tabletten. Also, glaub an Dich, dann wird's auch!

Die folgenden Rezepte behandeln praktische und zielführende Denkweisen. Zudem beschäftigen sie sich mit Anleitungen, wie Du Deine individuellen Ziele und Wünsche erkennst. Ich wünsche Dir viel Spaß beim Lesen und Nachdenken!

REZEPT Nr. 2
Der Dickens-Prozess

Noch kennt wahrscheinlich jeder die Weihnachtsgeschichte um den alten und geizigen Ebenezer Scrootch (ja so wird der Name wirklich geschrieben). Charles Dickens hat mit dieser weltbekannten Geschichte nicht nur ein lehrreiches Weihnachtsmärchen geschaffen, sondern auch eine übertragbare Anleitung zur Selbstreflektion. Dieses Rezept hilft Dir, über Deine Wünsche und Ziele nachzudenken und sie genau zu definieren. Um Deine Ziele umzusetzen, ist eine feste Definition absolut notwendig, ansonsten bleibt es beim Larifaritum und der Aufschieberitis.

Hier eine kleine Auffrischung der Weihnachtsgeschichte.

Ebenezer Scrootch ist ein reicher, verbitterter Geizhals, der ganz alleine in seinem Anwesen haust. Er hat keinerlei Verständnis für die Sorgen und Ängste seiner Mitmenschen. Doch das wird sich in nur einer Nacht ändern: Scrootch wird am Weihnachtsabend in seinen Träumen von drei Geistern heimgesucht. Nacheinander erscheinen ihm der Geist der Vergangenheit, der Geist der Gegenwart und der Geist der Zukunft. Alle konfrontieren Scrootch mit seiner eigenen Lebensgeschichte. Vergangenheit und Gegenwart zeigen schmerzhafte Erfahrungen und zugleich Scrootchs kalten und unliebsamen Charakter. Besonders der Geist der Zukunft setzt ihm mächtig zu. Der Geist zeigt Menschen, die nach Scrootchs Tod nur vom alten Geizkragen und einem

unangenehmen Menschen reden. Scrootch ist
erschüttert. Von seiner eignen Zukunft schwer
getroffen, will er sein Verhalten ändern. Als er
wieder aufwacht, beschließt er, keine Sekunde mehr
zu warten: Er ändert sich von Heute auf Morgen und
wird ein freundlicher und hilfsbereiter Mensch.

Entwicklung von Heute auf Morgen?! Das klingt doch super! Wie funktioniert das Ganze ohne die Geistererscheinung? Die Geschichte von Dickens zeigt uns eine Sache ganz deutlich: Entwicklung basiert auf Emotionen. Ein guter Wille und Disziplin sind wichtig, doch oft nicht ausreichend. Was ist damit genau gemeint? Überlege mal, wie oft Du schon eine Deiner Verhaltensweise weiterentwickeln wolltest? Du hast auch eine gewisse Zeit durchgehalten, um dann doch wieder in Deine alten Verhaltensmuster zurückzufallen. Es hat Dir eine Sache gefehlt: das entscheidende Etwas oder auch die ausschlaggebende Emotion hinter Deinem Handeln. Du änderst Dein Verhalten aus einer positiven oder negativen Emotion heraus. Entweder aus einer negativen, weil Du Dich nicht wohl fühlst oder Dir etwas Unbehagen bereitet. Oder aus einer positiven heraus, weil Du auf etwas richtig heiß bist und es unbedingt erreichen willst. Nutze Deine Emotionen, um wie Scrootch einen Wandel zu erzielen!

Der Dickens-Prozess der Veränderung läuft in drei Phasen ab. Beantworte als erstes diese Frage:

Welche Verhaltensweisen stören Dich an Dir?

Such Dir eine konkrete aus und geh die Geister mit Dir selbst durch:

1. **Der Geist der Vergangenheit:**
    Setz Dich mit Deiner Vergangenheit auseinander. Wann hat diese Verhaltensweise angefangen? Welche Umstände haben dazu geführt?

2. **Der Geist der Gegenwart:**
    Wie oft kommt diese Verhaltensweise in Deinem Alltag vor? Was fühlst Du dabei, positive und negative Emotionen? Was macht dieses Verhalten mit Dir?

3. **Der Geist der Zukunft:**
    Wie sieht Deine Zukunft aus, wenn Du diese Verhaltensweise beibehältst? Wie sieht Deine Zukunft aus, wenn Du sie ablegst?

Mach Dir klar, was es bedeutet, wenn Du in Deinem Verhaltensmuster bleibst. Bereiten Dir die Gedanken an Deine Zukunft in diesem Fall Freude oder Angst? Visualisiere Dir Deine Raucherlunge, überlege Dir die Konsequenzen einer 60h-Woche oder stell Dir vor, wie es wäre die Nörgeleien Deines Partners auch noch in zehn Jahren zu ertragen? Willst Du das wirklich? Mit diesen Bildern Deiner Zukunft schaffst Du Dir den nötigen Antrieb, Dich zu ändern! Die Zukunft kommt und nur Du selbst bestimmst, wie Du in ihr aussiehst.

Mit dem Dickens-Prozess findet eine allumfassende Auseinandersetzung mit Deinen Wünschen und Zielen statt. Du erhältst einen Überblick über Deine realistisch umsetzbaren Vorstellungen für Dein Leben.

Nimm Deine erste schlechte Gewohnheit, die Dir einfällt und unterziehe sie einem schriftlichen Dickens-Prozess. Und zwar genau hier:

Welche Verhaltensweise stört Dich am meisten an Dir?

_____

_____

_____

1. Der Geist der Vergangenheit – *Wann hat diese Verhaltensweise angefangen?*

_____

_____

_____

Welche Umstände haben dazu geführt?

_____

_____

_____

2. Der Geist der Gegenwart – *Wie oft kommt dieses Verhalten in Deinem Alltag vor?*

_____

_____

_____

Was fühlst Du dabei? Positive und negative Emotionen?

_____

_____

_____

Was macht dieses Verhalten mit Dir?

_____

_____

_____

3. Der Geist der Zukunft – *Wie sieht Deine Zukunft aus, wenn Du diese Verhaltensweise beibehältst?*

_____

_____

_____

Wie sieht Deine Zukunft aus, wenn Du sie ablegst?

_____

_____

_____

REZEPT Nr. 3
Vergiss Work-Life-Balance!

„Ich weiß nun endlich, was meine
Work-Life-Balance aus dem Gleichgewicht
bringt – Es ist mein Job. "

In diesem Rezept geht es um den falschen Gegensatz von Arbeit und Freizeit und wie Du diesen überwindest.

Treffen sich die Leute abends zum Essen, dann ist häufig die Rede davon, wie lange einer gearbeitet hat oder noch arbeiten muss und wie er eigentlich lieber leben und frei sein will. Hier wird von der sogenannten Work-Life-Balance geredet. So mutieren Arbeit und Leben zu Konkurrenten, die es – Work-Life-Balance sei Dank – gegeneinander abzuwiegen gilt. Unfug! Ausgeglichenheit ist eher im Längs- als im Querschnitt eines Lebens zu finden. Mal wiegt der Beruf schwerer, mal Familie. Mach Dir deswegen bloß keinen Stress. Solange die Waagschalen in Bewegung bleiben, lebst Du! Der wohl passendere Begriff für Work-Life-Balance, ist der Begriff der Life-Balance. Hier wird klar, dass Arbeit und Freizeit nicht im Gegensatz zueinander stehen. Arbeit und Freizeit zusammen sind das Leben.

Es geht um die Bedeutsamkeit der Effektivität zwischen Arbeit und Freizeit. Es bringt nichts, stur die Balance zu halten und streng zwischen Arbeit und Freizeit zu trennen. Nein, es ist viel sinnvoller, Arbeit und Freizeit zusammenzubringen und sie nicht als Feinde zu sehen. Du bist beispielsweise nicht von 8-16 Uhr Werbemanager und von 17-22 Uhr Familienvater. Du bist immer alles, das Zusammenspiel macht Deine Persönlichkeit aus. Die verschiedenen Rollen erfüllst Du nur zeitversetzt. Um Deine verschiedenen Lebensrollen und deren Spezifizierung geht es auch in dem noch kommenden Rezept Nr. 19 *Lebenshüte*. Blätter ruhig schon mal dahin. Mit den Lebensrollen ist es wie auf einer Wippe: Eine neue Definition von Balance erhalten wir, wenn es wniger um Balance geht, sondern mehr um Ausgewogenheit. Auf der Wippe hat bei einer Balance keiner so richtig Spaß, weil beide so halb in der Luft hängen, sich nichts bewegt und niemand etwas davon hat – jede Seite (von Dir) ist mal in der Luft und mal auf dem Boden. Das macht das Leben spannend!

Und hier kommt noch ein weiterer wichtiger Punkt ins Spiel:

> *Du entscheidest selbst, wie weit Du in Deinem Beruf kommst, denn Erfolg ist subjektiv.*

Was ist Erfolg für Dich? Bestimmt hast Du ein anderes Verständnis davon, als Deine Eltern oder Deine Nachbarn. Und das darfst Du auch haben! So, eine Sache möchte ich noch festhalten. Der Begriff Work-Life-Balance ist in der Hinsicht sinnvoll, dass wir uns Mühe geben, unsere Prioritäten (*Was ist Erfolg für Dich?*) zu ordnen und dadurch eine Balance zu finden, die individuell ‚richtig' ist. Sei Dir immer darüber im Klaren, ob Du Deine Energie gerade in die richtige Sache steckst. Setzt Du beispielsweise Deinen Fokus zu sehr auf Deine Karriere, passiert es leicht, dass Deine sozialen Beziehungen darunter leiden:

„He had seen many people tell themselves that they could divide their lives into stages, spending the first part pushing forward their careers, and imagining that at some future point they would spend time with their families — only to find that by then their families were gone."
– Larissa MacFarquhar –

Dieses Rezept negiert die Diskrepanz zwischen Arbeit und Freizeit und hilft Dir, auch in stressigen Zeiten durchzuhalten. Das Leben ist eben nicht immer in perfekter Balance und das ist überhaupt nicht schlimm.

TO-DO

Frage Dich selbst, ob Du momentan zufrieden bist mit Deiner Arbeits- und Freizeitsituation? Was genau stresst Dich und steht es in Deiner Möglichkeit, etwas daran zu ändern? Falls nicht, rede zumindest mit Deiner/m Vorgesetzten oder auch erstmal mit Freunden darüber. Welche Work-Life-Balance führt Dich zu Deinem persönlichen Zufriedenheitszustand oder gar zum Glücklichsein? Wie musst Du Denken, um Dein Handeln zu entwickeln?

REZEPT Nr. 4
Vergiss Multitasking!

Multitasking ist besonders in der heutigen digitalen Gesellschaft alltäglich geworden. Netflix läuft, das Smartphone liegt griffbereit neben dem Laptop und telefonieren tun wir auch noch nebenbei. Das heißt, dass wir die zeitliche Mediennutzung durch Multitasking nur verdichten! Das bedeutet, dass drei Stunden Mediengebrauchszeit durch das gleichzeitige Nutzen mehrere Medien eigentlich viel mehr Mediengebrauchszeit ist. Diese Vorstellung ist ja schon anstrengend für den Kopf und wir machen das alle tagtäglich! Dabei ist es nicht mal effektiver. In diesem Rezept wird aufgezeigt, warum es gar nicht so sinnvoll ist, mehrere Dinge gleichzeitig zu erledigen und wie Du wirklich effektiv arbeitest.

Studien beweisen, dass Menschen nicht produktiver sind, wenn sie mehrere Aufgaben gleichzeitig erledigen. Das Gegenteil ist sogar oft der Fall: Es hindert sie, konzentriert auf ein Ziel hinzuarbeiten. Eine Studie der Universität Stanford kann diese Theorie belegen: Die Probanden zweier Gruppen lösten verschiedene Aufgaben zur gleichen Zeit, Multitasking eben. Die eine Gruppe bestand aus Menschen, die es durch ihren Job gewöhnt waren, zu ,multitasken', die andere waren in diesem Bereich unerfahren. Die besseren Ergebnisse erzielte die unerfahrenere Gruppe. Warum? Sie konnten einfach besser zwischen unwichtigen und wichtigen Informationen unterscheiden, sie hatten den klareren

Blick. Anderes Beispiel: Forscher der Universität Utah prüften den Nutzen von Multitasking durch ein Experiment: Probanden sollten gleichzeitig Telefonieren und in einem Autosimulator Auto fahren. In der nächsten Stufe sollten sie außerdem eine SMS schreiben, das Ergebnis war klar, die Konzentration sank und das Stresslevel stieg an. Falls Du es also noch nicht wusstest: Auto fahren + Handy = NO GO! Multitasking ist schon lange ein überholtes Modell.

> *„Multitasking heißt, viele Dinge*
> *auf einmal zu vermasseln"*
> *– Erwin Koch –*

Von klein auf lernen wir, unwichtige Informationen auszublenden, um uns auf bestimmte Dinge zu konzentrieren. Multitaskern fällt es oft schwerer, sich auf eine Sache zu fokussieren. Versuchen wir mehrere Aufgaben gleichzeitig zu bewältigen, bringt uns das selten Zeitersparnis. Das liegt auch daran, dass wir mehr Fehler machen, da die Konzentration viel schneller flöten geht. Außerdem verursacht Multitasking Stress. Mach also ein paar Tabs in Deinem Gehirn zu und versuch lieber, Schritt für Schritt vorzugehen. Es macht keinen Sinn, zwei Hunden gleichzeitig hinterherzurennen! Mehrere Dinge gleichzeitig zu machen, ist nicht effektiver, deshalb konzentriere Dich lieber immer nur mit Deiner ganzen Kraft auf eine Sache!

TO-DO

Lass Dein Smartphone zu Deinen Mahlzeiten mal bewusst aus, nimm es einfach nicht mit und gönn Dir mal eine Social-Media-Pause. Achte außerdem auf andere Situationen, in denen Du mehrere Dinge gleichzeitig machst. Überlege ganz ehrlich, ob Du Dich davon gestresst fühlst.

REZEPT Nr. 5

Denke antizyklisch!

In diesem Rezept lernst Du, stressigen Situationen aus dem Weg zu gehen, um Deine Zeit effektiver und sinnvoller zu nutzen. Schaffst Du es, Deine Zeit gut einzuteilen, hast Du plötzlich ganz viel davon!

In welchen Situationen ist Dein Stresslevel besonders hoch? Wann bist Du so richtig genervt und gehst am liebsten sofort an die Decke? Ich gebe Dir im Folgenden ein paar Beispiele und Du kreuzt Deine Top 5 an!

- *Supermarktschlange*
- *Badewanne*
- *Restaurant*
- *Amt*
- *Wartezimmer*
- *Stau*
- *Konzert*
- *Sport*
- *Öffis (Öffentliche Verkehrsmittel)*
- *Netflix*
- *Lesen*
- *Solarium*
- *Bibliothek*
- *Kino*

So, was haben alle Deine ausgewählten Situationen gemeinsam? Ich bin mir sicher, dass Deine angekreuzten Situationen alle im Kontext mit anderen Menschen stattfinden. Wieso ich das weiß? Liegt eigentlich auf der Hand! Besonders gestresst sind Menschen in Situationen mit vielen anderen Menschen. Das liegt zum einen daran, dass Du Dich leichter überfordert fühlst, weil Du auf viele andere Menschen achtest. Zum anderen achtest Du nicht nur auf sie, sondern musst auch noch Rücksicht nehmen. Nervig. Meistens bist eben doch nicht Du selbst, sondern die Anderen die Idioten und das stresst. Ob es nun stimmt oder nicht, ist dabei eigentlich unwichtig. Klar, Du könntest versuchen, dem ganzen Rummel durch Entspannungstechniken et cetera gelassener entgegenzutreten. Aber ich habe eine bessere Lösung gefunden! Die spart sogar Zeit! Um also solchen unnötigen Stress zu vermeiden, lernst Du, antizyklisch zu denken! Was das heißt? Vermeide Brennpunktphasen! Wann gehen alle einkaufen? Wann ist jeder im Fitnessstudio? Wann vermeidest Du den Berufsverkehr? Beim antizyklischen Denken sind oft Rentner ein guter Hinweis, wie es funktioniert. Frag mal die Rentner in Deinem sozialen Umfeld, welche Tipps sie Dir geben können.

Hier einige meiner erprobten Tipps:

- *freitags nie Urlaub nehmen, dafür immer montags!*
- *morgens Sport (Fitness-Studio, Kletterhalle etc.)*
- *mittags einkaufen gehen*
- *vor 19 Uhr ins Restaurant gehen*

- *Spätvorstellung im Kino besuchen*
- *sonntags Brötchen vor 9 Uhr holen*
- *spät zum Flohmarkt gehen (niedrige Preise)*
- *...*

Nutze diese Tipps, um Zeit zu sparen und die gewonnene Zeit lieber in Deine wichtigen Aufgaben und Projekte zu stecken!

TO-DO

Überlege, in welchen Situationen Du so richtig angenervt von anderen Menschen bist (siehe Ankreuztest) und spiel mal Sherlock, wann die ganzen Leute wohl nicht an diesem Ort oder in dieser Situation sind. Das ist Deine Chance, antizyklisch zu denken!

REZEPT Nr. 6

Was wäre wenn ...?!

Der Umgang mit stressigen Situationen ist meistens durch die Angst vor den Folgen unserer Handlungen geleitet. Du fürchtest Dich, Fehler zu machen und dann die Konsequenzen tragen zu müssen. Am liebsten setzt Du Dich gar nicht mit den möglichen Konsequenzen auseinander, einfach gar nicht drüber nachdenken. Lies weiter und Du lernst, Dich auf alle möglichen Situationen einzustellen und Dich mit deren möglichen Konsequenzen auseinanderzusetzen. Wie schaffst Du es, immer vorbereitet auf das Unvorhersehbare zu sein?

Aus den Augen, aus dem Sinn! Das ist komplett schwachsinnig. Leider, leider bringt das nichts. Ja, die Konfrontation ist nicht einfach, trotzdem kommst Du so oder so nicht daran vorbei. Das heißt:

Verdeutliche Dir die möglichen Konsequenzen.

Was ist das Worst-Case-Szenario? Was ist das Schlimmste, was passieren kann? Bleib dabei natürlich realistisch, sonst endet vermutlich alles immer in der Zombieapokalypse. Mach Dir klar, welche Folgen es hat, wenn Du Deine Aufgaben immer nur mittelmäßig, zu spät oder gar nicht erledigst. Was wird Dein Chef über Dich denken? Was Deine Kollegen? Oder auch Deine Freunde? Du hast schließlich (hoffentlich) einen Ruf zu verlieren! Das sorgt zwar zunächst für zusätzlichen Druck, wirkt jedoch heilsam. Wieso? Weil Vorbereitung nun mal immer das A und O ist.

Erinnere Dich dabei an den dritten Geist aus der Dickens-Geschichte, Rezept Nr. 2, wie willst Du in Deiner Zukunft sein? Was denkst Du selber über die möglichen Folgen? Bereitest Du Dich rechtzeitig auf die möglichen Konsequenzen vor, erschreckt Dich so schnell nichts mehr. So bleibst Du länger ruhig und gelassen. Mach Dir also die denkbaren Folgen auf einer sachlichen Ebene klar. Das heißt: Du überlegst Dir EINMAL was passieren kann und danach nicht mehr. Die Balance zwischen realistisch abwägen und verrückt machen ist gar nicht so einfach zu finden. Es ist ja so: Stress machen wir uns meistens selber im Kopf. Denk zum Beispiel an die Schule früher: Wie war das Gefühl, bevor Du einen Vortrag gehalten hast? Und wie war das Gefühl danach? Die Nervosität und der Stress gingen damals wie heute nur von uns selbst aus. Wieso erwartest Du immer das Schlimmste in ungewohnten Situationen? Es wäre viel einfacher, solche Situationen als Chance wahrzunehmen, sich selbst weiterentwickeln zu können und aus möglichen Fehlern zu lernen. Leichter gesagt, als getan. Die Vorbereitung durch die ‚Was wäre, wenn …?!'-Taktik ist der erste Schritt, besser mit stressigen Situationen umzugehen!

TO-DO

Vor welcher Situation hast Du momentan Angst? Gibt es irgendetwas, das Dich besonders stresst? Musst Du vielleicht noch ein nerviges Telefonat führen oder Jemandem eine unangenehme Wahrheit sagen? Wenn ja, dann nimm Dir jetzt zehn Minuten Zeit und überlege, was die möglichen Konsequenzen sind. Am besten schreibst Du Dir diese Gedanken auch auf! Das ist der erste Schritt, das Problem anzugehen, der zweite ist dann die Ausführung. Und da Du Dich ja nun gerade mit dem Thema beschäftigst und Dir sogar die möglichen Folgen überlegt hast, bist Du also voll und ganz mit der Problematik vertraut.

Deshalb noch ein weiteres To-Do: Mach diese Sache zu Deiner Priorität Nummer 1! Sofort auf die oberste Stelle Deiner To-Do-Liste setzen und erledigen. Freu Dich schon mal auf das Gefühl, sobald Du es getan hast.

REZEPT Nr. 7
Zum Affen machen!

Was tust Du, wenn Dir eine Aufgabe viel zu kompliziert vorkommt? Du siehst den Wald vor lauter Bäumen nicht, es ist nicht realisierbar und garantiert gibt es keine Lösung. Wenn Du an diesem Punkt angekommen bist, ist es an der Zeit, in einen anderen Modus zu wechseln. Im nächsten Rezept lernst Du eine Taktik für jedes Energietief und jedes Nichtweiterkommen kennen. Diese Methode ist immer anwendbar! Wie sie funktioniert? Einfach mal zum Affen machen! Du hast ein kompliziertes Problem und denkst deshalb automatisch an einen komplizierten Lösungsweg. Es gibt einfache Lösungen, unser verkopftes Gehirn ist nur zum ‚1+1'-Denken nicht mehr fähig. Deshalb versuch, Deiner Intelligenz mal „Ciao!" zu sagen und begib Dich in den Affenmodus. Denk so einfach wie möglich. Falls Dir das mit dem Affen zu abstrakt ist, überlege Dir, wie ein Kind die Sache angehen würde. Falls Du Kinder hast, frag sie einfach mal. Es ist erstaunlich, auf welche Gedanken Kinder kommen und das ist sehr inspirierend. Oder gib Deine Herausforderung einem völlig Unwissenden an die Hand, der wird ganz pragmatisch an die Sache rangehen. Oft bist Du selbst zu sehr Fachidiot, und kannst nicht mehr klar denken, deshalb nimm jemanden, der gar nichts mit der Thematik zu tun hat.

Denk immer daran, das Wichtigste ist, dass Du Dich nicht direkt einschüchtern lässt! Frag Dich nicht OB Du das schaffst, sondern WIE Du es schaffst! Nimm Deine Aufgabe in die Hand und überlege, was der logischste erste Schritt ist. Du denkst dabei nicht über die weiteren Schritte oder mögliche Folgen des ersten Schrittes nach. Es geht einzig und allein darum, anzufangen! Nutze dieses Rezept um in jeder Situation, in der Du nicht weiter weißt, zu brillieren.

TO-DO

Schalte ab und zu in den Affenmodus, allein um den Kopf frei zu kriegen und eine andere Perspektive auf anstehende Aufgaben et cetera zu kriegen.

REZEPT Nr. 8

,Belüge Dich selbst' oder ,Bugs Bunny in Disneyland'

Das Rezept „Belüge Dich selbst" hört sich im ersten Moment instinktiv falsch an. Ist Selbsttäuschung ein Mittel gegen Aufschieberitis und leistet sie einen konstruktiven Beitrag für Deine Karriere? Die Antwort lautet schlicht und ergreifend: Ja. Wie schaffst Du es, Termine und Deadlines einzuhalten? Wie überwindest Du die Aufschieberitis und fängst wirklich rechtzeitig an, zu arbeiten? Dieses Rezept beschäftigt sich mit einer möglichen Taktik, um genau diese Vorhaben zu erreichen!

Denn mit „Belüg Dich Selbst" ist keine Selbsttäuschung im Sinne fehlender Reflexion oder einer Verleumdung der Realität gemeint, sondern es ist ein Tool zur Studienorganisation, Strukturierung und Einhaltung von Deadlines. Was also bedeutet „Belüg Dich selbst" konkret und was hat das mit Bugs Bunny zu tun?

Die US-amerikanische Psychologin Elizabeth Loftus konstruierte im 20. Jahrhundert ein Experiment, in dem den Teilnehmern suggeriert wurde, sie hätten in ihrer Kindheit bei einem Ausflug nach Disneyland die Figur Bugs Bunny getroffen. Die Teilnehmer erinnerten sich deutlich an ihre Begegnung mit dem Hasen und wie er ihnen die Hand gegeben hatte. Doch diese Begegnungen hat nie stattgefunden. Bugs Bunny ist eine Figur von Warner Brothers und gehört nicht zu Disney. Somit ist es unmöglich, sie in Disneyland zu treffen. Die Psychologin hatte durch einen einfachen Trick das Gedächtnis der Teilnehmer manipuliert. Sie hatte den Versuchspersonen ein gefälschtes Foto gezeigt, in denen sie als Kinder neben Bugs Bunny abgebildet waren. Das Gedächtnis, das dynamisch ist und lebt, versucht permanent, Informationen zu ordnen und Lücken zu schließen. „Eines sollten wir uns klarmachen", sagt Loftus, „unser Gedächtnis wird jeden Tag neu geboren." Und ich zeige Dir, wie Du Dir diese Tendenz Deines Gehirns zur Selbsttäuschung für Deine Karriere zunutze machst.

Nehmen wir an, Du hast Deine Deadline in genau vier Wochen. Wenn Du mit dieser Deadline im Hinterkopf einen entsprechenden Zeitplan für Deine Aufgabe erstellst, passiert es schnell, dass Du die Deadline nicht einhältst. Es treten unvorhergesehene Probleme auf, Dinge kommen dazwischen und plötzlich steht die Deadline vor der Tür. Wenn Du vom Schreibtisch aufstehst, um Dir kurz einen Joghurt zu holen, hast Du schon begonnen gegen Deine Aufschieberitis zu verlieren.

Deshalb wähle einen Weg zum Erledigen Deiner Aufgaben, der solche Dinge verhindert. Trickse Dich selbst aus, um nie wieder eine Deadline zu verpassen. Wenn eine Deadline am 10ten ausläuft, setz Dir nicht nur Deine PERSÖNLICHE Deadline auf den 1ten, sondern setz die ALLGEMEINE Deadline auf den 1ten. Ersetze die Deadline ganz einfach!

In der internationalen neurobiologischen Hirnforschung haben Wissenschaftler herausgefunden, dass, wenn Menschen sich Dinge nur lange genug einreden, sie beginnen, selbst daran zu glauben und diese Dinge für sie selbst erscheinen (Denk an das Bugs-Bunny-Experiment). Manchmal ist das, was wir wahrnehmen, wichtiger als die Realität selbst. Wenn Du also die Deadlines früher setzt und Maßnahmen triffst, dieses „neue" Datum zu verinnerlichen, kannst Du gar nicht zu spät fertig werden.

In diesem Sinne verinnerliche das neue Datum nicht nur in Gedanken. Trage es in Deinen Kalender ein, denk nur das „neue" und nicht das „eigentliche" Datum. Mach Dein Umfeld zu Deinen Komplizen für Deine Selbsttäuschung. Wenn Dich Deine Kollegen, Freunde und Familie an die „neue" Deadline erinnern und mitspielen, fällt die Selbsttäuschung noch leichter.

Deshalb glaub an Deine Selbsttäuschung und Aufschieberitis wird kein Problem mehr sein, wenn es um Deadlines geht. Nutze dieses Rezept, um rechtzeitig loszulegen und immer im Zeitplan zu sein.

TO-DO

Setz Dir Deine eigenen Deadlines! Logischerweise früher als die realen, das ist ja wohl klar. Wo könntest Du Dich noch selbst täuschen? ☺

Das Gute-Laune-Buch

Besorge Dir ein kleines Büchlein, es sollte wirklich nicht zu groß sein und mach es zu Deinem Gute-Laune-Buch! Das Besondere daran: Es geht nicht um Dich, sondern um Dir nahe stehende Personen. Es folgt ein klassisches Rezept, um motiviert zu bleiben und auch im täglichen Leben kleine Freuden zu genießen.

Wie funktioniert's? Schreibe jeden Tag eine positive Sache über Deinen Partner, einen Deiner Freunde oder einen Deiner Kollegen in das Büchlein und schenke es ihm nach einem Jahr zu einem besonderen Anlass. Zum einen erinnerst Du Dich so daran, was genau Du an Deinem Auserwählten schätzt und zum anderen hast Du ein wunderbar persönliches Geschenk. Das ist wirklich etwas ganz besonderes, da es nicht nur Deine Zuneigung zeigt, sondern auch Dein Durchhaltevermögen. Im Gute-Laune-Buch steckt ganz viel Energie und Kraft! Und deswegen hilft es Dir auch bei Deiner Aufschieberitis. Es trainiert Dich, Routinen zu erschaffen und einzuhalten. Fang doch einfach mal mit einer erfreulichen Routine an, und genau dafür ist das Gute-Laune-Buch perfekt. Noch ein Tipp: Wenn Du selber oft mit Selbstzweifeln zu kämpfen hast, dann darfst Du Dir das Gute-Laune-Buch auch selber schenken. Schreib Dir jeden Tag eine Eigenschaft, die Du an Dir magst, ein positives Erlebnis vom Tag oder eine Handlung, auf die Du stolz bist, auf. Sobald Du wieder in Selbstzweifeln versinkst, nimmst

Du das Gute-Laune-Buch und blätterst mal drin rum. Nimm
Dir Zeit und sei Stolz auf Dich! Für eine konstante Motivation braucht der Mensch solche kleinen ‚Dranbleiben'-Re-
zepte.

TO-DO

Besorg Dir ein passendes kleines Büchlein und überleg Dir, wem Du diese Freude gerne machst!

REZEPT Nr. 10
Kaffeepause!

Was Dir auch beim ruhig bleiben hilft: eine ordentliche Pause! Warum Pausen wichtig sind und wie Du Deine wirklich effektiv nutzt, ist Thema dieses Rezeptes. Wie Du sehen wirst, ist Pause nicht gleich Pause!

Generell haben Pausen oft einen schlechten Ruf, wir hasten durch sie durch, bloß keine Minute zu lang, falls das jemand mitbekommt, gibt's wieder Ärger. Vollkommener Schwachsinn. Ohne Pausen geht's nicht, wir sind keine Maschinen und es ergibt einfach keinen Sinn, unseren Körper und Geist wie einen Smartphone-Akku leerlaufen zu lassen. Er regeneriert sich nämlich viel schwieriger. Und das wirkt auch verstärkend auf Deine Aufschieberitis, denn um dranzubleiben, brauchst Du Energie. Pausen sind also absolut nötig, aber eben auch nicht gern gesehen. Sie passen wohl nicht zum Zeitgeist der Effektivität. Aus diesem Grund zeige ich Dir, wie Du Deine Pausen effektiv gestaltest, um auch wirklich eine Erholung in ihnen zu erfahren. Durch Pausen bleibst Du konzentriert, machst weniger Fehler, hast mehr Spaß beim Arbeiten und vermeidest Stress! Dir bleibt Restenergie, um auch nervige Aufgaben zu Ende zu bringen und sie nicht aufzuschieben. Denk zum Beispiel an Lernpausen, ohne sie fängt Dein Kopf nach zwei Stunden an zu rauchen und Du bist für den ganzen weiteren Tag ausgeknockt. Das Lernen ist dann vorbei und das vorgenommene Lernziel aufgeschoben. Oder ein anderes absolut logisches

Beispiel, das deutlich macht, dass Pausen einfach notwendig sind: Sportpausen. Ist ja klar, ansonsten klappt Dein Körper einfach zusammen. Behandle Deinen Körper bei Geistesanstrengungen genauso wie beim Sport, er braucht seine Pausen. Diejenigen von euch, die viel mit dem Köpfchen arbeiten, wissen um die Bedeutung einer Kreativpause. Es ist unmöglich am laufenden Band Ideen zu produzieren, das wird durch pausenloses Arbeiten eher verhindert. Und dann muss die Ideenfindung auf morgen verschoben werden. Unterschätze nie die Bedeutsamkeit einer erholsamen Pause und damit diese Pause wirklich erholsam ist, gibt es ein paar Grundprinzipien.

Hier die drei wichtigsten Regeln zum richtigen Pause machen.

1. Die wichtigste Regel: Social Media = No Go

Tut mir Leid, da gibt's kein Drumherum. Sag Deinem Social Media Life für ein paar Stunden Ciao. In Deiner Pause erholst Du Dich und Facebook, Whatsapp, Instagram und Co. lenken Dich nur unnötig von Deiner Pause ab. Du verplemperst Deine Zeit und bist danach kein bisschen erholt. Das Social-Media-Gefasel lenkt Dich auch noch nach Deiner Pause ab und beeinträchtigt Dein Weiterarbeiten. Sag Deinen Freunden nach getaner Arbeit, wie es Dir geht und wie witzig das zugesendete Gif ist. Das Ganze siehst Du als Belohnung für Dein Durchhalten. Was uns zur zweiten Regel bringt:

2. Belohnungen

Gönn Dir in Deiner Pause Belohnungen, ein Stück Deiner Lieblingsschokolade, ein leckeres Getränk oder was Du sonst so gerne magst. Achte dabei darauf, womit Du Dich belohnst. Holst Du Dir in jeder Pause einen Kaffee, macht Dich das Koffein vielleicht verrückt und nervös. Vier Kaffee am Tag sind nicht optimal, lieber auch mal einen besonderen Tee!

3. In der Kürze liegt die Würze

Mach lieber mehrere kleine, als wenige lange Pausen. Bei langen Pausen läufst Du Gefahr nicht mehr in den Arbeitsmodus zurückzukommen. Behalte die Zeit für Deine Pause genau im Auge. Wie Du sie gestaltest, bleibt Dir selbst überlassen. Jeder hat sein eigenes Ritual, zur Ruhe zu kommen. Wichtig ist, dass Du einen geregelten Pausenrhythmus hast und eben die Dauer im Auge behältst. Steh auf jeden Fall von Deinem Arbeitsplatz auf und geh ein paar Schritte, trink ein Glas Wasser. Mach ein paar einfache Dehnübungen, strecke Deine Arme aus, beweg alle Deine Finger und atme tief durch. Bei einer längeren Pause läufst eine Runde um den Block, machst einen Power Nap oder stellst Dich unter die kalte Dusche. Kommt natürlich auch auf Deinen Arbeitsplatz an. Achja, und Pause heißt Pause, es gilt die klare Regel: NICHT über die Arbeit reden. Das hat schon in der Schule genervt, wenn die Lehrer in der Pause das einzige Thema waren. Anstatt Dich an dem sinnlosen Geläster zu beteiligen, machst Du lieber etwas, das Dir Spaß macht. Höre doch einfach Dein aktuelles Lieblingslied, dann blendest Du die Anderen zusätzlich aus ☺. Mach Deine Pause zu einer wirklichen Entspannungsphase zwischen der Arbeit und gönne Deinem Kopf eine Auszeit.

TO-DO

Smartphone-Verbot für alle Pausen in Deiner nächsten Arbeitswoche!

REZEPT Nr. 11

Behalte das große Ganze im Auge!

Oft sind es nur 20 Prozent Jobmüll – lästige Routinen, unproduktive Meetings, chaotische Chefs oder Primadonna-Kollegen –, die 80 Prozent des Spaßes an der Arbeit rauben. Trotzdem sind es eben nur 20 Prozent! Um dranzubleiben, brauchst Du ein großes Ziel, einen Masterplan, der Dir auch in nervigen Situationen den Weg weist. Einfach weiterlesen, dann kriegst Du mehr Infos über die Bedeutsamkeit dieses großen Plans.

Fokussiere Dich auf das große Bild, dann reibst Du Dich an dem Kleinkram nicht so auf, das kostet Dich nur Energie. Um durchzuhalten, wenn Du mal wieder keinen Bock auf diesen Kleinscheiß hast, brauchst Du ein großes Ziel, an das Du denken kannst. Für viele Leute ist das zum Beispiel der Urlaub, auf den sie hinarbeiten. Wenn Du Dich mal wieder richtig aufregst und die Nerven auf 180 sind, denk an den Strand und das Meer, das Du bald sehen wirst. Und überleg mal, wann das ganze Aufregen zu irgendetwas geführt hat, außer zu schlechter Laune? Die Wut über die kleinen und eigentlich unwichtigen Dinge darf Dich nicht beherrschen. Glaub mir, sobald Du versuchst, stets gelassen zu sein, fällt der ganze emotionale Stress von Dir ab. Eine positive Grundstimmung verschönert Dir Deinen Arbeitsalltag und gibt Dir Motivation zum Weitermachen. Ärgerst Du Dich über Deine Kollegen, dann bleibe nicht darin gefangen, sondern frag Dich, wie Du diesen Ärger schnell loswirst. Die Folge ist nämlich nur ein destruktives Verhalten plus verstärkte Aufschieberitis und das lässt Du Dir von niemandem aufzwingen. Habe immer Dein großes Ziel vor Augen, um den inneren und äußeren Stress anzugehen. Das große Ziel hilft Dir, in Phasen der Entmutigung weiterzumachen und auch den nervigen Quatsch nicht aufzuschieben. Was Dein großes Ziel ist, hängt ganz von Dir ab. Vielleicht fährst Du gar nicht so gern in den Urlaub? Vielleicht bist Du ja begeisterter Hobbykoch und sparst für eine neue Küche? Eine größere Wohnung, einen riesigen Fernseher, ein neues Auto und, und, und. Um Deine persönlichen Ziele zu definieren, kommen im nächsten Kapitel verschiedene Vorschläge. Beispielsweise Rezept Nr. 18, die *Disney-Methode* oder Rezept Nr. 19: *Lebenshüte*. Sei gespannt!

Lass Dich nicht ablenken durch kleine Zwischenfälle, Dein großes Ziel darf nicht weiter und weiter aufgeschoben werden. Um das große Ganze zu sehen und Dein großes Ziel zu verfolgen, ist Priorität Nummer eins: Ruhig bleiben. Das ist natürlich nicht so einfach und deshalb kommen im nächsten Rezept konkrete Tipps, wie Du es schaffst, gelassen zu bleiben und so den Blick für das große Ganze bewahrst.

TO-DO

Was ist Dein Ziel auf das Du momentan hinarbeitest?
Dein Jahresziel oder vielleicht sogar Dein Fünf- oder
Zehn-Jahres-Ziel? Schreib es Dir auf und hänge es gut
sichtbar irgendwo in Deiner Wohnung oder Deinem
Zimmer auf! Alternative: Schreib es Dir auf die Vor-
derseite Deines Kalenders, dann hast Du es immer dabei.

REZEPT Nr. 12

In der Ruhe liegt die Kraft

Du bist ein brodelnder Vulkan? Ein leichter Choleriker? Deine Fingernägel sind vor lauter Zorn wieder komplett abgekaut? Jeder ärgert sich mal, aber von dieser Wut lassen wir uns nur unnötig von unseren Zielen ablenken. Das ist total destruktiv und deshalb kommen im nächsten Rezept ein paar Hilfestellungen, um ruhig und gelassen zu bleiben.

„ Oh mein Gott geht's noch langsamer?!"

„ Meine Oma fährt schneller Auto!"

„ Das is so ungerecht!"

„ Wer gibt ihr das Recht, so etwas zu sagen?"

„ Blöder Penner!"

„ Ich war dran!"

„ Ich hab nicht ewig Zeit!"

„ Bist Du so dumm oder tust Du nur so?"

„ Das ist wirklich unglaublich, wie kann man nur so zickig sein!"

Die Busse fahren nicht schneller, die Schlange im Supermarkt wird nicht kürzer, das Getränk kommt nicht schneller, die Kinder werden nicht leiser – Dein Ärger ist absolut sinnlos. Wie oft regst Du Dich am Tag über andere Menschen auf? Was bringt Dich zur Weißglut? Bist Du generell eher ein ruhiger Typ oder ein totaler Choleriker? So oder so zeige Ich Dir in diesem Rezept ein paar hilfreiche Tipps zum Ruhebewahren. Das große Ganze sehen, was im letzten Rezept Thema war, ist hier das Ziel. Denn, wenn Du Dich selbst unter Kontrolle hast, hilft Dir das ungemein, Deine Aufschieberitis unter Kontrolle zu bekommen. Du verschwendest keine Zeit und Energie damit, Dich aufzuregen und lässt Dich nicht so schnell von eigentlich trivialen Ereignissen ablenken. So einfach dieser Tipp auch klingt, so effektiv ist er. Lies also nicht einfach schmunzelnd drüber, sondern probier's wirklich mal aus!

1. *Der Klassiker: Die ungeschlagene Nummer eins in der Wutbewältigungstherapie ist immer noch das **tiefe Durchatmen**. Wenn wir wütend werden, verändert sich unsere Atmung. So wie wir selbst, wird auch unsere Atmung nervös und hektisch. Das heißt, wir kämpfen gegen eine doppelte Unruhe an. Außerdem sinkt die Sauerstoffaufnahme und das belastet unseren Körper. Keine Chance, Ruhe zu bewahren. Lösung: Atmen! Nimm Dir ein paar Sekunden Zeit, schließ die Augen und atme tief ein und aus, bis Du Dich wieder ruhiger fühlst.*

2. *Neben Deiner Atmung achtest Du auch auf Deine anderen physischen Reaktionen. **Bring Deinen Körper unter Kontrolle!** Erst wenn Du Deinen Körper beruhigt hast, beruhigst Du auch Deinen Geist. Das ergibt Sinn, oder? Typische Merkmale: Herzklopfen, Hitzegefühl, Zuckungen und Zittern. Unkontrollierte Wut endet auch schon mal in einem Fausthieb. Das gilt es, zu vermeiden. Wenn Du merkst, dass Du die Kontrolle über Deinen Körper verlierst, dann verlass einfach mal kurz den Raum. Du musst Dich nicht mal unbedingt erklären, das machst Du später. Lass Deine Kollegen, Deinen Partner oder Deinen Freund einfach mal stehen und geh eine Runde an die Luft.*

3. *Du regst Dich also über jemanden auf und bist richtig wütend. Eigentlich willst Du keine weitere Sekunde mit diesem Volltrottel reden, doch beschäftigt Dich die Sache sogar noch vorm Schlafengehen. Merkst Du was? **Durch den Ärger über Jemanden, gibst Du diesem Jemand ziemlich viel Macht über Dich.** Lass das nicht zu, die Person freut sich vielleicht sogar darüber, Dir den Tag zu verderben. Mach Dir das bewusst und lass Dich nicht auf so ein Kindergartenniveau ein!*

4. *Was uns direkt zum nächsten Punkt führt: Vielleicht steckt auch überhaupt keine Absicht hinter dem Verhalten. Klar, wenn Dich jemand permanent anhupt, dann will er Dich ärgern. Doch hat Dein/e Kollege/in das wirklich so gemeint? Sehr oft liegt es einfach an Kommunikations-problemen. **Nimm also nicht immer alles persönlich.** Es war nicht unbedingt als Kritik gegen Dich gedacht.*

5. *Ok, sagen wir, es war wirklich gegen Dich gerichtet. Aus irgendwelchen Gründen gibt es zwischen gewissen Personen unlösbare Konflikte. Befindest Du Dich in so einer Situation, dann gilt eine einfach Regel: **Klappe halten**. Gesagt ist gesagt, es verhält sich hier ähnlich, wie mit dem Kindergartenniveau. Es ist nicht zu ändern und sich darüber aufzuregen, ist es einfach nicht wert. Um einen weisen Mann zu zitieren:*

„An Ärger festhalten ist, wie wenn Du ein glühendes Stück Kohle festhältst mit der Absicht, es nach jemandem zu werfen – derjenige, der sich dabei verbrennt, bist Du selbst."
– Buddha –

6. *Für die wirklich engagierten Choleriker: **Versuch's mal mit einem Perspektivwechsel.** Ärgerst Du Dich über jemanden, ärgert sich derjenige zu fast 100 % auch über Dich! Warum? Wie kam es dazu? Ist die Situation zu retten? Suchst Du den Dialog, dann sprich immer in sogenannten „Ich-Sätzen", das heißt, Du sagst nicht: „Du hast ... falsch gemacht", sondern „Ich finde, ... hätte man anders machen sollen".*

Ruhig bleiben ist also wichtig, um den klaren Blick auf Deine Ziele nicht zu verlieren. Wütend oder genervt sein, raubt Zeit und die nutzt Du lieber anders!

TO-DO

Probiere jetzt die Entspannungstechnik der Vier-Sechs-Atmung aus, einfach beim Einatmen (durch die Nase) im Kopf bis vier zählen, beim Ausatmen bis sechs. Das Ganze drei- bis viermal hintereinander.

3
Methoden und Gesetze

Nachdem Du nun an Deinem Denken und Deinen Einstellungen gearbeitet hast oder zumindest darüber gelesen hast, geht es weiter mit konkreten Methoden und Gesetzen! Für alle, die schnelle Lösungen brauchen und einfach ohne viel Nachdenken loslegen wollen, ist das folgende Kapitel genau richtig. Hier lernst Du spezifische Techniken. Du probierst sie nacheinander oder kreuz und quer aus und siehst, welche für Dich die richtigen sind. Wir alle halten uns an gewisse Regeln, da sind ein paar mehr oder weniger auch nicht schlimm. Besonders dann nicht, wenn sie so effektiv sind! Das Aufräumen im Kopf beginnt mit dem Aufräumen in Deinem Zuhause und genau damit befassen sich die ersten zwei Rezepte. Danach bekommst Du professionelle Hilfe zur Zielfindungen und deren Umsetzung. Du lernst, wie Du Deine Zeit effektiv nutzt und Deine Ziele erreichst! Leg einfach los und lies weiter!

REZEPT Nr. 13

100 Dinge entrümpeln mit der Bermuda-Dreieck-Taktik

Ordnung zu halten ist nicht immer einfach, deshalb drehen sich die beiden nächsten Rezepte genau um dieses Thema. In dem Moment, in dem Du eigentlich an Deiner Hausarbeit schreibst oder Deine Steuerklärung machst, genau dann wird Dir bewusst, wie dreckig Deine Wohnung aussieht oder wie lange es her ist, dass Du mal entrümpelt hast. Und dann lenkst Du Dich damit ab, obwohl Du doch eigentlich an etwas ganz anderem arbeitest. Schaffe deshalb bewusst Ordnung mit den nächsten beiden Rezepten!

Das Gefühl von Unordnung im Kopf kommt auch von der Unordnung im Wohnzimmer. Es gibt immer Dinge, die Du ausmisten kannst. Du brauchst nur eine ordentliche Anleitung, die Dir hilft, die unnötigen von den nötigen Dingen zu unterscheiden. Dafür ist die Bermuda-Dreieck-Taktik sehr nützlich. Wie Du vielleicht schon mal gehört hast, verschwinden auf mysteriöse Art und Weise immer wieder Schiffe im Bermuda-Dreieck, einem Seegebiet im Atlantik. Keine Angst, bei Dir findet das Ganze etwas geordneter statt. Was soll entrümpelt werden? Nimm Dir einen eingegrenzten Bereich vor, zum Beispiel eine alte Kiste, eine Schublade, einen Koffer oder ein Schrankabteil. Breite den Inhalt auf einer großen Fläche aus und dann sortierst Du den ganzen Kram nach drei Kategorien:

1. *Aufheben*

2. *Verschenken*

3. *Bermuda-Dreieck (Müll)*

Ich denke mal, die Kategorien erklären sich von selbst. Bei der zweiten Kategorie „Verschenken" habe ich noch einen extra Tipp: In vielen Städten gibt es sogenannte Verschenke-es-Regale. Das sind Regale oder Schränke die öffentlich zugänglich sind und ähnlich wie eine Tauschbörse funktionieren. Leute laden Zeugs ab, das sie nicht mehr brauchen, welches an sich aber noch gut verwendbar ist. Devise: Vielleicht braucht es ja jemand anderes. Wichtig dabei ist, keinen Schrott abzuladen, das ist nämlich nicht Sinn der Sache. Die einzige ungeschriebene Regel eines Verschenke-es-Regals ist also: Keinen Müll abladen. Der gehört ins Bermuda-Dreieck. Hör Dich mal um, ob es auch in Deiner Nachbarschaft so ein Regal gibt. Oft steht das auch im allwissenden Internet. Ansonsten stell doch einfach selber eins auf. Falls Du das machst, such Dir einen regengeschützten Ort und ein stabiles Regal aus. Wenn Dir das zu aufwendig ist, versuch es so: Pack Dein ganzes „Verschenken"-Zeug in einen großen Karton und stell ihn mit einem ‚Zu verschenken'-Schild vor Deine Haustür. Am nächsten Tag wirfst Du den Rest, der noch in dem Karton ist, einfach ins Bermuda-Dreieck. Die Bermuda-Dreieck-Taktik ist optimal für einen ruhigen Freitagabend oder Sonntagmorgen, da Du Dich nur einer überschaubaren Fläche widmest (Schubladen, Kartons et cetera), so dauert das Ganze höchstens 30-45 Minuten. Wer richtig Lust gewinnt, macht es wie ich: Ich entrümple seit zehn Monaten jeden Monat 100 Teile aus der gesamten Wohnung. Immer wenn ich denke, jetzt geht nichts mehr, finde ich Dinge, die laut Bermuda-Dreieck-Prinzip einfach weg können. Also mach Dich ran. Halte Ordnung in Deiner Wohnung und in Deinem Kopf, um Ordnung über Dein Leben zu halten!

TO-DO

An Deinem nächsten freien Tag nimmst Du Dir eine gefürchtete Schublade aus Deiner Wohnung vor und entrümpelst sie mit der Bermuda-Dreieck-Taktik.

REZEPT Nr. 14

Langfristiges Entrümpeln mit dem roten Punkt

Das nächste Rezept behandelt das langfristige Entrümpeln, glücklicherweise erfordert es noch weniger Zeitaufwand, als die Bermuda-Dreieck-Methode. Wie viele unnötige Gegenstände besitzt Du? Nicht einfach zu sagen, oder? Hier kommt ein langfristiges, jedoch auch effektives Entrümpelungssystem: Markiere alle Dinge, die Du nicht täglich benutzt mit einem Zeichen. Beispielsweise eine Sicherheitsnadel oder besorg Dir Rote-Punkte-Sticker aus dem Schreibwarengeschäft. Kennzeichne jedes Teil und sobald Du es benutzt, entfernst Du das Zeichen. Das machst Du auch mit Deinen Klamotten! Manchmal hängen wir an bestimmten Teilen und denken uns: „Mhm ... naja, vielleicht gefällt es mir ja doch irgendwann." Es gibt eine Frist! Setze sie Dir mit dem roten Punkt. Nach einem Jahr schaust Du nach, was immer noch einen Punkt hat und dann geht's damit ab ins Sortiersystem mit dem Bermuda-Dreieck. Ok, nehmen wir an Du hast alles schön markiert und nach einem Jahr merkst Du, dass Du viele Dinge besitzt die nun einen roten Punkt haben, denen Du jedoch einen sentimentalen Wert zuschreibst. Sammle alle diese Dinge an einem Platz und dann fängst Du an abzuwägen. Was ist mir wichtiger als das andere? Worauf würde ich eher verzichten? Sortiere so mindestens drei Teile aus. Auf die restlichen klebst Du einen zweiten roten Punkt. Und das Spiel beginnt von

Neuem! Benutzt Du nun im Laufe des nächsten Jahres einen dieser Gegenstände, entfernst Du einen roten Punkt. Nach einem Jahr legst Du wieder alle Sachen zusammen und überlegst wieder, was verschenkst Du oder was geht ins Bermuda-Dreieck.

Meine persönliche Einschätzung: Von den Gegenständen mit zwei Punkten trennst Du Dich spätestens jetzt! Natürlich sind ein paar Erinnerungsstücke wichtig, es gibt trotzdem einfach Grenzen und Du brauchst nicht Deine ganzen Kindheitsspielsachen aufbewahren oder jedes Souvenir aus Deinen Urlaubsreisen. Entrümpeln = Ordnung schaffen!

TO-DO

Steh jetzt auf und such Dir einen Gegenstand den Du rauswirfst! Los!

REZEPT Nr. 15

Kein-Bock-Stellung

Na, Du? Kannst Du Dich mal wieder nicht konzentrieren? Ziehst Du sinnlos Kästchen am Bildschirm? Oder stehst unruhig am Küchenfenster rum und läufst immer wieder zum Kühlschrank? Wie kommst Du aus diesem Loch raus? Mit diesem Rezept:

Probier's mal mit der Null-Bock-Stellung:

Einfach flach auf den Boden legen.

Diese Lage hat etwas Beruhigendes, sie hilft Dir, Dich zu entspannen und den Kopf freizubekommen. Das Gefühl, das dabei entsteht, ist gar nicht so einfach zu beschreiben. Du probierst es am besten einfach mal aus. Es erweckt etwas ganz Besonderes in uns zum Leben, weil es etwas vollkommen Ungewöhnliches für Deinen Kopf und Deinen Körper ist. Es fühlt sich seltsam und auch irgendwie gut an. Wenn Du eine Aufgabe nicht machen willst und Du Dich wieder mal mit einem dritt- oder viertrangigen To-Do ablenkst, dann leg Dich hin. Mach nichts. Wenn Du das eine nicht machst, darfst Du gar nichts anderes machen. Bis Du die Nase voll hast und denkst: Ja, was für ein Scheiß, jetzt lieg ich auf dem Boden – da kann ich auch weitermachen. Irre. Das funktioniert. Ich habe alle Rezepte selbst ausprobiert. Zu diesem außergewöhnlichen Rezept gibt's nicht viel zu sagen, einfach mal machen!

TO-DO

Wenn Du das nächste Mal nicht weiter weißt, geh in die Null-Bock-Stellung!

REZEPT Nr. 16
Die Pomodoro-Technik

Aufgepasst! Jetzt kommt ein Rezept, das unglaublich wirkungsvoll Deinen Arbeitsflow verbessert! Leider ist außer dem Namen, sonst nicht so viel Spannendes daran. Ok, ich gebe zu, es hört sich sogar eher langweilig an. Es ist super simpel und trotzdem unterschätzt jeder, der es noch nicht wirklich ausprobiert hat, seine Wirkung. Dieses Rezept behandelt eine Technik für den richtigen Arbeitsflow, also für ein effektives und geplantes Arbeiten. Es hilft Dir, eine einfache und funktionierende Arbeitstechnik zu erlernen und Struktur in Deine Arbeitsweise zu etablieren.

Na gut, dann rücke ich mal raus, was es mit der Pomodoro-Technik auf sich hat. Die Pomodoro-Technik gibt einen gleichmäßigen Arbeitsrhythmus vor: 25 Minuten volle Konzentration und dann 5 Minuten Pause. Das ist eine Pomodoro-Einheit. Du machst so viele Pomodoros am Tag wie Du willst, Du hältst dabei eben nur diesen simplen Rhythmus ein.

Es gibt ein paar Grundsätze, die Du neben der unumgänglichen ,25 + 5'-Regel beachtest:

Pro Pomodoro ist *eine* festgelegte Aufgabe gedacht. Damit Du da den Überblick behältst, schreibst Du Dir am besten morgens eine Liste mit Deinen Aufgaben. Teile diese in Pomodoros ein und schreibe sie nummeriert als erstes Pomodoro, zweites Pomodoro und so weiter auf. Weitere

Ideen zu praktischen Listen, die als Organisationstalente fungieren, findest Du im Kapitel 4 *Listen*.

Wichtig ist außerdem, dass Du die Zeit im Blick hast, darauf basiert ja letztlich die Pomodoro-Technik. Besorg Dir eine Eieruhr an der Du leicht erkennst, wie viel Zeit Dir noch bleibt. Meine Empfehlung aus Band 1 ist die Eieruhr *Time Timer Countdownuhr 18 cm 8 Zoll, JAC5008*. Das Modell hat eine super Größe, ist einfach zu bedienen und ganz wichtig, es macht keine Geräusche beim Ticken, da es ein leises Quarzuhrwerk enthält. Dieses Modell hat eine Zeitspanne von 1-60 Minuten und außerdem ein rotes Farbfeld, das die noch verbleibende Zeit darstellt. Oder Du schaust schon mal in Kapitel 5 *Apps* vor, insbesondere zum Rezept 33 *Clockwork Tomato*.

Falls Du weißt, dass Deine Aufgabe definitiv mehr als *ein* Pomodoro braucht, versuche, die Aufgabe in kleine Teile zu zerstückeln und so auch in Pomodoros aufzuteilen. Das macht die Aufgabe übersichtlicher und hilft ebenfalls bei der Motivation!

Falls Du früher als gedacht mit Deiner Aufgabe fertig bist, machst Du nicht einfach direkt mit der nächsten weiter und Du gönnst Dir auch keine verlängerte Pause. Nutze die Zeit bis zur Pause mit dem sogenannten *Overlearning*. Das heißt Du machst einfach mit Deiner Aufgabe weiter beziehungsweise kontrollierst diese. Vielleicht entdeckst Du ja einen Fehler.

Nach mehreren Pomodoros am Stück, genau gesagt nach vier, legst Du eine Pause von 15-30 Minuten ein. Ach ja, und bei den Pausen ist wichtig, dass Du sie wirklich zum

Abschalten benutzt. Pure Entspannung! Pausen beinhalten keine Arbeit! Dazu auch mehr im Rezept 10 *Kaffeepause!* Nutze die Pomodoro-Technik, um strukturiert und effektiv zu arbeiten!

TO-DO

Hol Dir ein Stück Papier und schreib auf, welche Aufgabe Du heute noch erledigen willst. Dann stellst Du Dir einen Timer und probierst zum allerersten Mal die Pomodoro-Technik aus. Lass Dich von nichts und niemanden ablenken!

REZEPT Nr. 17
SMART(E)

Die folgenden drei Rezepte drehen sich rund um Selbst- und Zielfindung. Wenn Du nicht weißt, wofür Du arbeitest, dann ist Dein Arbeiten garantiert auch uneffektiv. Ziele zu definieren ist gar nicht so einfach. Die Angst zu versagen, hemmt uns. Von dieser Angst löst Du Dich, indem Du Dir selbst klar machst, dass Du es zumindest versuchst. Aus Fehlern lernst Du nämlich wirklich! Mit der SMART(E)-Zielfindung schaffst Du es, Deine Ziele genau zu durchdenken und an ihnen dranzubleiben.

Die Zielfindung ist nämlich einer der wichtigsten Schritte zum Ziel.

Von dem SMART-Prinzip hast Du vielleicht schon mal gehört. Es ist sehr populär und das aus gutem Grund. SMART steht für ein spezifisches, messbares, attraktives, realistisches und terminiertes Zielmanagement. Trotzdem ist es für meinen Geschmack noch nicht effektiv genug. Ein paar Ansätze sind noch zu spezifizieren und seien wir mal ehrlich, wenn wir uns schon mit etwas beschäftigen, dann doch gleich richtig. Das heißt jetzt ein bisschen mehr lesen und bei der Umsetzung davon profitieren. Bei dem von mir weiterentwickelten SMART(E)-Prinzip richten sich Deine Ziele auf folgende Kategorien aus:

S = Spezifisch – Selbstinitiierbar!

M = Miss Deinen Erfolg!

A = Attraktiv – Ausreden – Alternativen

R = Realistisch – Reserven – Ressourcen

T = Termine für Dein tägliches Tun

   +

E = Effekte und Entschiedenheit

S = Spezifisch – Selbstinitiierbar!

Frag Dich, wen oder was Du brauchst, um Dein gestecktes Ziel zu erreichen. Musst nur Du Deinen Arsch hoch kriegen oder bist Du auch auf Hilfe von anderen angewiesen? Hast Du kein Auto und willst einen schweren Schrank transportieren, dann fragst Du früher oder später einen Freund danach oder mietest ein Auto. Überleg Dir also **spezifisch**, welche Hilfe Du brauchst oder wie Du es alleine schaffst. Wie sehen Alternativmöglichkeiten aus? Spezifisch heißt, genaue Schritte zu definieren. Es reicht nicht, zu sagen: „Ich will Sport machen", „Ich will meine Masterarbeit schreiben" oder „Ich will meine Wohnung aufräumen". Diese Aussagen sind zu unspezifisch, Waschlappengeschwätz. Halte Dich einfach, ähnlich wie in Rezept Nr. 23 *Störfaktoranalyse*, an die W-Fragen:

Wann will ich was, wie und zu wie viel erreicht haben?

Definiere Dein Ziel in einem Satz und checke, wen oder was Du zur Umsetzung brauchst!

Hier kommen wir zum zweiten Punkt, die Selbstinitiierbarkeit. Sorge dafür, dass Du so weit wie möglich **unabhängig** von allem und auch von allen handelst. Das ist nämlich der Knackpunkt: Eigenverantwortung übernehmen und nichts mehr auf sein Umfeld schieben. Und dafür strebst Du vollkommene Unabhängigkeit von Deinem Umfeld an. Das heißt nicht, dass Du Dich insgesamt von anderen abgrenzt, sondern nur in dem Bereich Deines Handels unabhängig bist. Alles was in Deinem Einflussbereich steht, machst Du auch. Nicht mehr auf andere warten oder andere für Fehler und Verzögerungen verantwortlich machen. Umso abhängiger Deine Ziele von anderen sind, desto größer ist die Wahrscheinlichkeit, dass Du scheiterst. Plane Deine Ziele selbstinitiierbar.

M = Miss Deinen Erfolg!

Mach Dein Ziel und damit Deinen Erfolg **messbar**! Definiere Dein Ziel genau, damit Du auch weißt, wann Du es erreicht hast. Es gibt Dinge, die sind einfach messbar: Einkommen, Universitätsabschluss, Gewichtsabnahme, Zeiteinteilung. Hier ist die Zielvorgabe schnell gefunden, doch was ist mit anderen Zielen? Wie steht's beispielsweise mit Glück? Kann das gemessen werden? Ja! Und das Messbarmachen Deiner anderen Ziele ist notwendig, um den Überblick zur erfolgreichen Zielfindung zu behalten. Es geht um den Ist-Soll-Vergleich. Wie fühlst Du Dich momentan in Deinem Leben? Betrachte die Gesamtheit aller Dinge in Deinem Leben und überlege Dir, wie glücklich Du bist auf einer Skala von eins bis zehn.

☹ = *Lass Dich lieber einweisen*
☺ = *stabil, aber da geht mehr*
☺ = *super geil*

Nachdem Du Dich also eingeordnet hast, überlegst Du Dir ein Ziel, wo Du hinkommen möchtest. Sagen wir Du bist jetzt auf einer Fünf und nimmst Dir als nächstes Ziel die Acht. WIE musst Du denken und WAS musst Du tun, um dorthin zu kommen?

A = Attraktiv – Ausreden – Alternativen

Warum ist das Ziel **attraktiv** für Dich? Mach Dir bewusst, wieso Du es erreichen willst, ansonsten steckst Du niemals Deine ganze Energie hinein. Denke dabei nicht nur aus Deiner Perspektive, sondern überleg Dir, wer noch an der Zielsetzung interessiert ist und was diese für andere bedeutet. Willst Du beispielsweise 3 kg abnehmen, denkst Du nicht nur an Deine Gesundheit, sondern auch an Deine/n Partner/in ☺. Die zweite Frage wäre dann, weshalb geht's doch immer wieder schief? Mit welchen **Ausreden** hältst Du Dich von Deiner Entwicklung ab? Hier die Top 6, hast Du sie auch schon öfters verwendet?

1. *„Ich habe einfach keine Zeit.“*

2. *„Ist ja eigentlich gar nicht so wichtig.“*

3. *„Der Augenblick ist ungeeignet.“*

4. *„Um mich herum sind nur Idioten.“*

5. *„Ich mach das dann einfach morgen.“*

6. *„Ich habe Hunger.“*

Inspiriert von dieser Liste fängst Du im SMART(E)-Prinzip hier an, Deine Lieblingsausreden zu sammeln. Mach Dir bewusst, welche Ausreden Du ständig verwendest. Schreib sie alle auf und mache Deine Top-Liste. Bist Du Dir Deiner

Ausreden erst mal bewusst, ist es leichter, sich von ihnen zu lösen. Anstatt Dir immer weitere Ausreden einfallen zu lassen, konzentrierst Du Dich einfach mal auf **Alternativen**. Wenn Du durch Deinen Weg A nicht an Dein Teilziel oder Ziel kommst, welche alternativen Herangehensweisen gibt es noch? Mehr dazu liest Du im Rezept Nr. 7 *Zum Affen machen*.

R = Ressourcen und Reserven!

Nach den Sternen zu greifen ist nicht immer eine gute Eigenschaft. Übertriebene Ambitionen schlagen auch mal schnell in Frustrationen um. Das liegt nicht an zu großen Zielen, sondern daran, dass Du nicht weißt, wie Du sie erreichst. Bleib immer realistisch, habe große Ziele, aber auch umsetzbare. Ein baseballspielender König im Weltraum wirst Du wohl nicht mehr werden. Vielleicht erinnerst Du Dich an die Zieleinteilung aus *„33 Rezepte gegen Aufschieberitis" Teil 1*, dabei unterscheidest Du zwischen drei Zielen: **1. Maximalziel, 2. Realistisches Ziel, 3. Minimalziel.**

Also, das Maximalziel ist das Nonplusultra-Ziel, das Ziel, was Du im besten Fall erreichst. Aber da Du ja nach dem Parkinsonschen Gesetz vermutlich nicht die Zeit hast, die Du zur Umsetzung dieses Zieles brauchst, kommt das realistische Ziel ins Spiel. Als nächstes überlegst Du Dir, welches nach dem Maximalziel das realistische Ziel ist. Du überlegst Dir also, welches Ziel, gemessen an Aufwand und Zeit, realistisch und adäquat ist. Falls alle Stricke reißen, gibt es noch das Minimalziel, was tust Du, damit Du Dein Ziel doch noch erreichst? So hast Du einen Überblick und eine konkrete Zieleinschätzung.

Strebe immer als erstens nach dem Maximalziel. Sei Dir über Deine Ressourcen und Reserven im Klaren, so bleibst Du am Boden und behältst einen scharfen Blick auf Dein Ziel. Deine Ressourcen sind die Dinge, die Du schon hast, auf die Du bauen kannst, um Deine (Teil-)Ziele zu erreichen. Außerdem fragst Du Dich beim Thema Ressourcen: Was fehlt noch und wo bekommst Du das her? Welche Reserven kannst Du Dir aufbauen? Es ist ähnlich wie beim Sport: Für manche Menschen ist das Leben ein Sprint, von Anfang an Gas geben und arbeiten, arbeiten, arbeiten, bis Du dann in Rente gehst. Andere sehen es als Marathon, immer beständig und kontinuierlich durchlaufen. Ich sehe es als Tour de France, mit Höhen und Tiefen, mit anstrengenden Phasen, aber auch mit ruhigen Bergabpassagen. Das Leben ist eben ein ständiges Auf und Ab, es läuft niemals alles perfekt und genau für diese anstrengenden Phasen legst Du Dir Reserven an.

T = Termine für Dein tägliches Tun!

Habe einen genauen Zeitplan für Dein Ziel: Wann ist welcher Teilschritt erreicht, wie viel Zeit planst Du für etwas ein? Hast Du auch Puffer eingerechnet? Es geht immer mal etwas schief, entweder machst Du einen Fehler oder jemand anderes. Immer kommt mal etwas dazwischen, sorge auch für unvorhergesehene Zwischenfälle vor! Um besser vorbereitet zu sein, ist es wichtig, wie jetzt schon öfters erwähnt, **Teilziele zu definieren.** Brich Dein Jahresziel in Quartalsziele, diese in Monatsziele, dann in Wochenziele und diese wiederum in Tagesziele auf. Einfaches Beispiel: Du willst in diesem Jahr 8 kg abnehmen, das heißt pro Quartal 2 kg, pro Monat ein gutes halbes Kilo, pro Woche machst Du dafür dreimal Sport, montags, mittwochs und freitags. Und vergiss nicht, aufgrund unvorhersehbarer Ereignisse, in Deine Zielplanung auch immer gewisse Pufferzeiten einzurechnen. Hierbei gilt die Faustregel 70/30: 70 % Planung und 30 % Puffer.

E = Effekte und Auswirkungen!

Sei immer auch auf Dein Umfeld fokussiert und denke niemals nur an Dich selbst. Was sind die Folgen, wenn das Ziel erreicht ist? Schade ich irgend jemandem damit? Spricht irgend etwas gegen die Erreichung des Ziels? Was ist anders, nachdem Du das Ziel erreicht hast? Ist das auch wirklich gut für Dein Umfeld? Das ist die eine Seite der Medaille. Die andere betrifft Dich selbst. Was ändert sich für Dich? Welche Konsequenzen haben Deine Handlungen? Und genau hier kommen wir wieder zum Knackpunkt: **Angst vor den Folgen**. Wir schieben auf, weil wir Angst vor der Veränderung haben. Zum Beispiel beim Studieren, lieber noch ein Semester, ansonsten geht es ja wirklich los mit dem Ernst des Lebens. Keine Partys mehr, sondern arbeiten. Oder Du willst etwas an Deinem Lebensstil ändern, hast jedoch Angst, was Dein Umfeld dazu sagen wird. Wie, Du isst kein Fleisch mehr? Warum trinkst Du keinen Alkohol mehr? Du veganes Würstchen! Was es auch gibt, es ist die Angst vor positiven Folgen und dem eigenen Erfolg. Was passiert sobald das Ziel erreicht ist? Dann muss ich ja wieder weiter suchen, neue Ziele finden. Manche Menschen haben Angst vor Erfolg und Karriere. Erinnerst Du Dich an die Werbung der Landesbausparkasse? Hier ein gekürzter Rückblick:

Runtergekommener Bauwagenplatz, Gespräch
zwischen Vater und Tochter:

Tochter: „Du Papa, ich kenne da ein Mädchen aus
meiner Klasse, und der Vater von der, hat ein eigenes
Haus, wo jeder ein eigenes Zimmer hat."

Vater: „Sind doch Spießer."

Tochter: „Wenn ich groß bin, will ich auch
Spießer werden!"

Ein gutes Beispiel, denn nicht immer führt Geld und Erfolg
zu Akzeptanz, bei manchen Leuten sind die Reichen eben
die „Bösen". Da will dann nicht unbedingt jeder dazu gehören, zu den Snobs. Stehen solche Personen vor dem Schritt
zur erfolgreichen Karriere, scheitert diese oft aus Angst vor
den Reaktionen des sozialen Kreises. Mach Dir bewusst,
was Deine Ziele sind und wo Du mit Deinen Ressourcen
und Reserven hinwillst!

Das SMART(E)-Prinzip hilft Dir bei einer effektiven Ziel-
suche und -findung. Außerdem zeigt es Dir auf, auf welche
Dinge Du achtest und welche Du einplanst.

TO-DO

Dein nächstes Projekt beziehungsweise Dein nächstes
Ziel spielst Du als erstes unter den Kategorien der
SMART(E)-Zielführung durch. Danach wirst Du nicht
mehr darauf verzichten wollen, beziehungsweise es
wird wesentlich klarer sein, was da genau auf Dich zu-
kommt und wie Du mögliche Stolpersteine frühzeitig
erkennst und umschiffst.

REZEPT Nr. 18
Die Disney-Methode

Ich gehe mal davon aus, dass jedem der Name Micky Mouse oder Donald Duck etwas sagt. Der Erfinder dieser zeitlosen Figuren, Walt Disney, ist nicht nur aufgrund seiner wunderschönen Trickfilme berühmt. Auf ihn geht auch eine Methode zur Zielfindung zurück. Es ist klar, dass jemand wie Walt Disney einige Tricks für eine so erfolgreiche Karriere auf Lager hatte. Auf ihm basiert also die Disney Methode. Sie ist sehr hilfreich, wenn wir uns unserer Ziele bewusst werden wollen. Dieses Rezept hilft Dir, Deine Ziele zu definieren. Das Besondere an dieser Methode ist, dass wirklich alle Deine Wünsche beachtet werden. Gleichzeitig findet in der Disney-Methode ein Durchführungscheck statt, es wird der Frage nachgegangen, inwieweit diese Ziele wirklich umsetzbar sind. Es ist einfach eine super Methode, sich seiner Träume und Ziele realistisch bewusst zu werden.

Dazu findest Du höchstwahrscheinlich auch viel zu selten Zeit! Was wirklich sehr destruktiv ist, denn wenn Du Deine Ziele nicht klar definierst, erreichst Du sie auch nicht. Diese Methode eignet sich hervorragend, da sie das ganze Spektrum Deiner Wünsche und Ziele realistisch einfängt. Wie funktioniert das Ganze? Also: Walt Disney war gleichzeitig Träumer, Pessimist und Realist und Du nimmst nacheinander genau diese Rollen an. Egal ob Dein Glas Wasser sonst halb leer oder halb voll ist, für diese Übung nimmst Du jede

Rolle unvoreingenommen ein. Denk mal an das Rezept Nr. 17 zurück, die Disney-Methode spezifiziert das A aus dem *SMART(E)-Prinzip*, also die Kernfrage, warum ein Ziel attraktiv für Dich ist.

1. Rolle: Träumer

Schreib Dir alle Deine Träume und Ziele auf, egal wie unrealistisch sie scheinen mögen. Was würde in der bestmöglichen aller Welten passieren? Alles ist möglich, es gibt keine Grenzen! Nimm Dir so viel Zeit, wie Du willst und lass Deinen Gedanken freien Lauf!

– Pause –

2. Rolle: Pessimist

So, jetzt kommt die Rolle des Pessimisten, die macht am wenigstens Spaß. Betrachte Deine Traumliste nun kritisch. Warum sind Deine Träume zum Scheitern verurteilt? Verschönere nichts! Konfrontier Dich auch mit den Fragen, welche Träume Einschränkungen in anderen Lebensbereichen bedeuten? Was braucht einfach einen zu großen Zeit- und Energieaufwand? Was wäre vielleicht sogar gefährlich oder ein Risiko für Dich und andere? Welche Zweifel kommen in Dir auf, wenn Du über die Umsetzung Deiner Träume nachdenkst?

– Pause –

3. Rolle: Realist

Als Realist bringst Du die Gedanken aus den vorangegangenen Rollen zusammen. Vergleiche Deine Träume und Zweifel und überlege, welche unter einen Hut zu bringen sind. Was ist wirklich möglich? Was ist Dir am wichtigsten? Wo machst Du keine Abstriche?

Fazit: Jetzt hast Du einen guten Überblick über Deine individuellen Ziele und deren Umsetzungsmöglichkeiten. Ich empfehle eben gerade diese Methode, weil sie wirklich alle Deine Gedanken zusammenbringt. Denken in Extremen ist oft fatal, doch auf dieser theoretischen Ebene ist sie sehr hilfreich. Gerade die Träumerrolle ist nicht so einfach, wann denkst Du sonst ohne jegliche Einschränkungen über Deine Träume nach? Träume machen nämlich auch Angst und es ist gar nicht so einfach, darüber zu reden. Diese Methode hilft Dir zwar nicht, Deine größten Träume sofort zu erreichen. Trotzdem erinnerst Du Dich an sie und schaffst es sogar, sie Stück für Stück wahr werden zu lassen, sogar mehr als Du denkst, wenn Du nur realistisch herangehst. Die Disney-Methode ist eine ganz starke Technik, um Dich mit Dir selbst auseinanderzusetzen und Deine Ziele zu verfolgen!

TO-DO

Such Dir eine/n Freund/in, Deine/n Partner/in, oder auch für ein besonders spannendes Experiment Dein Kind aus, und führt gemeinsam die Disney-Methode aus. Dabei ist zu beachten, dass die Rolle als Träumer jeder alleine, die anderen zwei Rollen gemeinsam diskutiert werden. Wichtig: Immer nett bleiben, ihr wollt euch gegenseitig helfen und unterstützen. Auch in der Rolle des Pessimisten nicht zu harte Worte verwenden und immer auf einer sachlichen Ebene bleiben!

REZEPT Nr. 19
Lebenshüte, Motto ,Hut ab!'

Wie wir im Rezept 3 *Vergiss Work-Life-Balance* festge-
stellt haben, setzt sich Deine Persönlichkeit aus verschiedenen Rollen zusammen. Hier findest Du eine Anleitung,
Dich mit Deinen Wünschen und Zielen auseinanderzusetzen. Insbesondere wird Wert auf die verschiedenen Berei-
che Deines Lebens gelegt, indem Du Dich mit Deinen verschiedenen Lebensrollen befasst. Diese Rollen verändern
sich im Laufe des Lebens, manche verschwinden wieder, in
manche werden wir reingeboren und andere erarbeiten wir
uns. Lebensrollen kommen und gehen. Um uns die Rollen
bildhaft vorzustellen, verwenden wir die Metapher verschiedener Hüte. Du hast einen Familienhut, einen beruflichen Hut und verschiedene Hobbyhüte. Generell ist erstmal
zu sagen, dass jeder Mensch diese Hüte braucht. Sie helfen
uns, unsere Persönlichkeit zu erkennen und unsere Interes-
sen darzustellen. Außerdem zeigen sie die Vielfältigkeit der
Menschen, diese kann jedoch auch zum Problem werden.
Das Konzept der Lebenshüte kommt diesen möglichen
Problemen auf die Schliche und löst sie auf. Was hat es mit
den Problemen auf sich? Der Mensch ist nur fähig eine be-
grenzte Anzahl an Rollen einzunehmen, diese Anzahl bewegt sich ca. zwischen sieben und zwölf. Optimal sind sieben Rollen für sieben Tage die Woche. Nimm das nicht
wortwörtlich, Du eignest Dir jetzt nicht für jeden Tag eine
bestimmte Rolle an. Zu viele Rollen sind anstrengend. Du

verhedderst Dich in ihnen und gehst in keiner Rolle vollkommen auf, das Ergebnis: Überforderung und Stress. Wie erschaffst Du ein Gleichgewicht zwischen Deinen Rollen? In dem Konzept der Lebenshüte werden die Rollen des Lebens verbildlicht durch Hüte, die Du aufsetzt.

Parteimitglied	Hobbyfotograf	Ehemann/-frau	gute Seele
Ehrenamtler/in	Vater/Mutter	Vorgesetzte/r	Tochter/Sohn
Vereinsmitglied	beste/r Freund/in	Sparringspartner	Chormitglied

So, für die Lebenshüteanalyse brauchst Du als erstes einen Stift und ein Blatt Papier. Dann geht es los!

1. *Schritt: Teile das Blatt Papier in mindestens zwölf Kästchen ein.*

2. *Schritt: Überlege, welche Rollen Du in Deinen verschiedenen Lebensbereichen einnimmst. Trage all Deine Lebenshüte auf das Blatt ein. Ein Kästchen = ein Hut. Lass Dich inspirieren von den oben genannten Hüten.*

3. *Schritt: Bewerte die Hüte mit Smileys, in welchen Rollen bist Du glücklich ☺, zufrieden ☺ oder unglücklich ☹? Gern auch 1 bis 10, wobei 10 total toll ist.*

4. Schritt: Rationalisieren! Du reduzierst Deine Lebenshüte möglichst auf sieben Stück! Das ist definitiv nicht einfach! Tipp: Es hilft, wenn Du Dir überlegst, in welchen Rollen Du in den letzten drei Monaten aktiver warst.

So, Du hast jetzt die wichtigsten Aspekte Deiner Persönlichkeit und Deines Lebens priorisiert. Konzentriere Dich voll und ganz auf diese sieben Hüte und lass die alten Hüte los! Wie Du Dich am besten auf Deine auserwählten Hüte konzentrierst, lernst Du im nächsten Rezept!

Damit Du auch wirklich von Deiner Lebenshutanalyse profitierst, gehst Du noch einen weiteren Schritt. Um den Überblick zu behalten, schreibst Du als erstes erneut Deine sieben Lebenshüte auf! Und jetzt überlegst Du (und schreibst auf), welche Ziele Du in welcher Rolle erreichen willst. Was ist Dein Fokus für welchen Hut?

TO-DO

Am besten führst Du die Lebenshutanalyse sofort durch! Sind Deine Augen schon am Zufallen, ist mein Rat nur dieses eine Mal: Mach es morgen. Es ist ein extrem wichtiger Test und Du nimmst Dir dafür angemessen viel Zeit! Überlege Dir beim Einschlafen trotzdem schon mal zur Vorbereitung, in welchen Lebensrollen Du Dich siehst!

REZEPT Nr. 20

Arschloch-Freund(e)

Kennst Du solche Situationen:

- *Morgens bleibst Du doch im Bett liegen, anstatt joggen zu gehen.*
- *Den Schokoriegel nach dem Essen zu streichen, scheint unmöglich.*
- *Der Kaffee am Morgen ist auch nicht wegzudenken.*
- *Du willst Geld sparen, aber die Schuhe sind gerade im Angebot, Du musst sie kaufen.*
- *Das Smartphone läuft heiß, der Flugzeugmodus bleibt höchstens 20 Minuten an.*
- *Es ist doch öfter die Pizza, statt der Salat.*
- *Die Kippe nach dem Kaffee muss auch sein.*
- *Das Feierabendbier schmeckt eben doppelt so lecker.*
- *Und, und, und ...*

Du probierst es immer und immer wieder und trotzdem schaffst Du es einfach nicht, Dich aufzuraffen. Wir kennen diese Situationen alle nur zu gut. Wir meinen es vollkommen ernst, wenn wir uns gesünder ernähren wollen, das Rauchen aufgeben wollen oder anfangen wollen Sport zu machen. Wollen, Wollen, Wollen. Das ist leider nicht gleich Tun, Tun, Tun. Die immer neuen Anläufe frustrieren uns und unser Selbstwertgefühl wird kleiner und kleiner. Es gibt nur eine Sache, die da hilft! Deine liebsten Arschlochfreunde! Du schaffst es nicht immer alleine, die nötige Kraft aufzubringen, um gegen Deine Aufschieberitis anzukommen. Du brauchst Verbündete, die Dir mal kräftig in den Hintern treten. Genau darum geht es in diesem Rezept.

Such Dir jemanden, der Dir in den Arsch tritt! Glaub mir, in den meisten Leuten stecken kleine Sadisten, die Dich liebend gerne von der Couch quälen. Definiere Dein Ziel und frage Dich, wer von Deinen Bekannten Dir dabei am besten hilft. Beim Abnehmen und Sport treiben ist es super, einen Partner zu haben, der das gleiche Ziel hat. Beim Mit-dem-Rauchen-Aufhören, ist es manchmal besser, einen Nichtraucher einzuweihen, ansonsten kommt es doch mehr als nur ein Mal zur letzten gemeinsamen Zigarette. Wichtig ist nur, dass Du diesen Jemand häufig siehst, zum Beispiel einen Arbeitskollegen, der Dir einfach die Zigarette aus dem Mund schnippst. Oder richte Dir eine 24h-Bewachung ein, indem Du mehrere Personen einweihst. Wichtig ist nur, dass Du allen Beteiligten klar machst, wie wichtig das für Dich ist und dass sie Dich ohne jegliches Mitleid erinnern und triezen. Alle Mittel sind erlaubt! Lass Dir von anderen helfen gegen Deine Aufschieberitis anzukommen!

TO-DO

Gehe mal all Deine Freunde und Bekannten durch, die Du öfters in der Woche, am besten täglich, siehst. Wer könnte Dir helfen, nervige Eigenschaften abzulegen?

Das 72h-Gesetz

Das 72h-Gesetz besagt: Wer sich etwas vornimmt, muss innerhalb von 72 Stunden den ersten Schritt machen, sonst sinkt die Chance, dass er das Projekt jemals beginnt, auf 1 %.

Kurz gesagt: Der erste Schritt einer Idee muss innerhalb von 72 Stunden ausgeführt werden!

Was ich dazu sage: Bullshit! Der erste Schritt muss nicht in 72 Stunden, sondern noch am gleichen Tag gemacht werden! Das 72h-Gesetz ist zu weitläufig. Damit die Chance, dass Du wirklich den ersten Schritt machst, auf über 50 % steigt, fängst Du noch heute beziehungsweise an dem konkreten Tag an! Erinnere Dich an die Beispiele aus dem Rezept 20 *Arschloch-Freunde*. Auch genau in solchen Situationen wendest Du das 72h-Gesetz, beziehungsweise jetzt das 24h-Gesetz, an:

- *Morgens bleibst Du doch im Bett liegen, anstatt joggen zu gehen.*
  → *Anstatt direkt in die Vollen zu gehen und loszujoggen, übst Du erstmal das aufraffen! Steh also morgens auf und mach etwas, was nicht ganz so anstrengend wie joggen ist, beispielsweise einen morgendlichen Spaziergang.*

- **Den Schokoriegel nach dem Essen zu streichen, scheint unmöglich.**

  → *Auch wenn es unmöglich scheint, wenn Du Dir vorgenommen hast, weniger Süßes zu essen, dann fang auch direkt an. Iss nur die Hälfte des Schokoriegels und gib die andere Hälfte am besten jemand anderem, damit Du nicht in Versuchung kommst.*

- **Der Kaffee am Morgen ist auch nicht wegzudenken.**

  → *Bekämpf Deine Kaffeesucht mit entkoffeiniertem Kaffee oder Schwarztee.*

- **Du willst Geld sparen, aber die Schuhe sind gerade im Angebot, Du musst sie kaufen.**

  → *Willst Du Dein Konsumverhalten ändern, mach Dir eine neue Regel: Nie direkt kaufen, sondern immer erst einen Tag zurücklegen lassen. Am nächsten Tag hast Du einen klareren Blick.*

- **Das Smartphone läuft heiß, der Flugzeugmodus bleibt höchstens 20 Minuten an.**

  → *Beim Smartphone musst Du konsequent sein. Am besten nimmst Du es in Situationen, in denen Du es eigentlich nicht brauchst, auch nicht mit. Um hier den ersten Schritt zu machen, helfen dir auch die Apps aus dem Kapitel 5.*

- **Es ist doch öfter die Pizza, statt der Salat.**

  → *Gesunde Ernährung machst Du Dir tagtäglich zum Dauerziel, jedoch fängst Du nie sofort an. Der erste Schritt wäre, die Pizza einfach mit einem Salat zu kombinieren. Irgendwann verzichtest Du dann ganz, gewöhn Dich erstmal an das Grünzeug.*

- ***Die Kippe nach dem Kaffee muss auch sein.***
  → *Ähnlich wie beim Schokoriegel versuchst Du auch Deinen Zigarettenkonsum langsam zu senken. Du willst aufhören, hast nur nicht die Disziplin? Nimm Dir etwas Zeit, nur mach den ersten Schritt in 24 Stunden: Rauch doch einfach mal nur die Hälfte.*

- ***Das Feierabendbier schmeckt eben doppelt so lecker.***
  → *Ein Wort: Alkoholfrei.*

Verlier keine Zeit und glaub an Deine Ideen und Wünsche. Verändere Dein Verhalten in kleinen Schritten. Erfolg hängt nämlich nicht von Intelligenz ab, sondern von Volition! Volition wird auch übersetzt mit Durchhaltevermögen oder Beharrlichkeit. Das ist eine Schlüsseleigenschaft von zufriedenen und erfolgreichen Menschen. Um erfolgreich zu sein, kämpfst Du und bleibst dran! Auf einen Entschluss folgen Taten. Nur diese Vorgehensweise führt zur Umsetzung Deiner Ziele. Lässt Du eine Idee direkt links liegen, dann stehst Du auch nicht voll und ganz dahinter. Menschen sind begeistert von Menschen, die eine Passion haben, eine glühende Leidenschaft! Das ist inspirierend!

Dafür zitiere ich sogar zwei weltbekannte Personen:

> *"I have no special talents. I am only passionately curious."*
> *– Albert Einstein –*

und

> *"Nothing great in the world has been*
> *accomplished without passion."*
> *– Georg Wilhelm Friedrich Hegel –*

Volition haben, heißt:

- *Einen Fokus haben und halten!*
- *An sich selbst und seine Ideen glauben!*
- *Diszipliniert arbeiten!*
- *Probleme als Herausforderungen sehen!*

TO-DO

Bleib dran an Deinen Ideen, scheitern ist in Ordnung. Aber es nicht mal zu versuchen, ist schwach. Mach den ersten Schritt immer am selben Tag!

REZEPT Nr. 22

Ordnungssystem Mappen

Die klassische Methode Ordnung zu halten, ist eine gut geführte To-Do-Liste, das ist jedoch nicht die Einzige! Listen sind generell eine super Sache, davon stelle ich Dir im nächsten Kapitel 4 *Listen* einige vor. Jetzt zu einem anderen System und zwar zu dem Ordnungssystem mit Mappen.

Dazu brauchst Du einen Ordner mit 31 Mappen für jeden Tag des Monats und zwölf Mappen für die Monate des Jahres. Jeden Tag öffnest Du eine Mappe und am Ende des Tages ordnest Du sie wieder hinten ein, für das nächste Jahr. Das ganze System ist platzsparend und einmal gekauft, immer wieder verwendbar. Du sparst Dir die großen Aktenordner und hast auf einfache Weise einen Überblick über ein ganzes Jahr! Es ist die perfekte Ergänzung zu Deinem Kalender, denn in den musst Du ja alles eintragen. Was ist aber mit Briefen, Aufgaben, Zetteln, die erst später im Jahr benötigt werden? Zettelhaufen wollen wir vermeiden, damit stürzen wir uns nur ins Chaos, deshalb das Ordnungssystem Mappen. Sagen wir, Du hast zum Beispiel einen Auftrag für

Ende des Jahres im November, dann legst Du Dir die Unterlagen einfach in den ersten Tag des Novembers. Somit hast Du alle nötigen Unterlagen direkt beisammen. Oder bei Erinnerungen für einzelne Tage, wie beispielsweise Geburtstage, lege Dir einen Erinnerungszettel eine Woche vor dem eigentlichen Geburtstag, in die passende Tagesmappe, damit Du noch genug Zeit hast, ein Geschenk zu finden.

Über den Anbieter *Classei* kriegst Du ein fertiges Mappen-System. Natürlich kannst Du Dir diese auch einfach selber zusammenstellen. Schaffst Du es mal nicht, einen Tag abzuarbeiten, ist das kein Problem, dann holst Du den eben am nächsten oder übernächsten Tag nach. Den Überblick behältst Du ja trotzdem über alles durch das Mappensystem! Probier mit diesem Rezept also eine Möglichkeit aus, Ordnung in Deine Arbeit, Deine Planung und Dein Leben zu bekommen!

TO-DO

Probier das Ordnungssystem Mappen mal im kleinen Stil aus, plane Deine nächsten zwei Wochen akribisch durch, und ordne Dir alle Deine kommenden To-Dos in 14 Mappen ein. Damit Du jetzt nicht direkt 14 Mappen kaufen musst und es ja eh noch die Ausprobiervariante ist, begnügst Du Dich mit 14 Trennblättern, auf die Du nur das passende Datum schreibst. Zwischen diese Blätter ordnest Du Deine Zettel, Erinnerungen und Aufgaben ein. Gefällt Dir das Ordnunghalten mit Mappen, besorgst Du Dir die volle Ausrüstung und legst los!

REZEPT Nr. 23
Störfaktoranalyse

Der Arbeitstag neigt sich dem Ende zu und Du sitzt nur da und denkst: „Wo bitte ist denn die ganze Zeit wieder geblieben??? So eine Schei...!". Du bist wiedermal zu nichts gekommen. Alles bleibt liegen, weil immer wieder jemand etwas von Dir will. Da kommen die Mails rein, das Telefon klingelt, die Kollegen klopfen zwar, warten aber nicht ... usw. Das geht den ganzen Tag. OHNMACHTSgefühle, pur. Kennst Du das? In welchen Situationen und aus welchen Gründen wirst Du gestört? In diesem Rezept geht es darum, eine Störfaktoranalyse durchzuführen und Ablenkungen zu eliminieren. Es ist bei einer Störfaktoranalyse besonders wichtig, diszipliniert und kleinlich alles aufzuschreiben, was Dich aus Deinem Arbeitsflow bringt. Telefonanrufe, Fragen durch Mitarbeiter/innen, Geräusche auf dem Flur, Dein Magen und, und, und. Um Struktur in eine Störfaktoranalyse zu bringen, bevorzuge ich ein einfaches und sehr effektives System. Orientiere Dich, wie früher im Deutschunterricht, an den sieben W-Fragen.

Wer?
Was?
Wann?
Wo?
Warum?
Wie?
Wozu?

Das Gute an den W-Fragen ist, dass sie nicht mit Ja oder Nein beantwortbar sind. Du musst Dir etwas Zeit dafür nehmen (Stichpunkte sind natürlich in Ordnung). Mach Dir eine Tabelle mit all den Telefonanrufen, Fragen der Kollegen, Geräuschen und jeglichen sonstigen Ablenkungen. All das notierst Du in der Tabelle, um einen Überblick der Störfaktoren zu erlangen, um dann gegen sie anzugehen und Deine Tagesplanung passend auszurichten. Wichtig: Hast Du die Gründe für Deine ungewollten Unterbrechungen analysiert, kommuniziere sie gegebenenfalls mit Deinen Mitarbeiter/innen und Kollegen/innen. Klar erzählst Du denen nicht, dass Du gegen 14:00 Uhr immer richtig Lust auf Süßes bekommst, jedoch weist Du sie beispielsweise darauf hin, nicht zu jedem Zeitpunkt in Dein Büro zu kommen. Kleiner Tipp aus Buch 1: Lege zu diesem Zweck eine „Goldene Stunde" in Deinem Arbeitsalltag fest. Das ist eine Stunde an Deinem Tag, in der keinerlei Ablenkungen vorkommen dürfen.

Bist Du besonders motiviert, dann erweitere Deine Störfaktoranalyse um die vier Wunder- bzw. Entlastungsfragen, ebenfalls aus Buch 1. Diese beziehen sich insbesondere auf die Inhalte Deiner Aufgaben und Deiner täglichen Routinen, denn gerade in diesen verankerst Du Störfaktoren schneller, als Du denkst. Stell Dir immer mal wieder, bei allem was Du tust, folgende Fragen:

1. **Warum mache ich das überhaupt?**
   Wie wichtig ist die Aufgabe für Dich? Wie viel Bedeutsamkeit steckt dahinter? Hat es sich einfach zu einer Gewohnheit entwickelt, die vollkommen nutzlos ist? Stell den Kern der Sache infrage und überleg, ob dieser noch passend und sinnvoll für Dich ist. Welchen Zweck verfolgst Du genau und was versprichst Du Dir davon?

2. **Warum gerade ich?**
   Überleg, ob wirklich Du selbst die Aufgabe erledigen musst. Oft fühlen wir uns für eine Aufgabe zu 100 % verantwortlich und das Sich-davon-lösen ist extrem schwer. Entweder es besteht Angst, dass die anderen es nicht „richtig"-machen oder wir wollen niemandem zur Last fallen. Zauberwort: Aufgabenteilung! Gib einen Teil Deiner Aufgaben ab. Überleg immer, wie notwendig es ist, dass gerade Du diese Aufgabe erledigst.

3. **Warum ausgerechnet jetzt?**
   Bevor Du Dich immer direkt der nächsten Aufgabe stellst, überleg erstmal, wie dringend diese Aufgabe für Dich ist. Hast Du überhaupt schon alle Infos, um sie zu bewältigen? Fängst Du jeden Tag tausend neue Dinge an und kriegst sie nie zu Ende, weil es praktisch gar nicht möglich ist? Du brauchst einen genauen Plan, wann Du was machst. Ansonsten verzettelst Du Dich nur.

4. **Warum in dieser Form?**

*Wie kannst Du bestimmte Abläufe verbessern?
Geht es eventuell auf eine andere Art und Weise
schneller? Wie viele Fliegen schlägst Du mit einer
Klappe? Ein positiver Nebeneffekt dieses Denkens
ist zum Beispiel, dass die Aufgaben durch die neue
Art und Weise, wieder Spaß machen!*

TO-DO

Überleg Dir vier Dinge, von denen Du heute abgehalten wurdest, und beantworte die sieben W-Fragen dazu. Füll die untere Tabelle für den heutigen Tag aus!

Ablenkung:				
Wer?				
Was?				
Wann?				
Wo?				
Warum?				
Wie?				
Wozu?				

REZEPT Nr. 24

Die X-Ketten-Technik

Effizientes Arbeiten bedeutet, Deine Zeit gut zu managen, genauer genommen: Deine Aufgaben und wie viel Zeit Du für diese einplanst. Deshalb heißt es auch nicht Zeitmanagement, sondern Selbstmanagement. Du managest ja Deine Aufgaben und nicht die Zeit an sich. Die tickt einfach immer weiter.

Wie machst Du das am besten?

Nach langjährigem Erfahrungsammeln und vielerlei Ausprobieren ist mir klar geworden, dass Arbeiten in Blöcken einfach am effektivsten ist. 100 % Konzentration für eine bestimmte Zeitspanne – in diesen Blöcken arbeitet der Mensch am vorteilhaftesten. Deshalb funktioniert auch die *Pomodoro-Technik* aus Rezept 16 so super. Auch wenn Du es vielleicht noch nicht bemerkt hast, Du benutzt die *X-Ketten-Technik* schon lange! Nur leider nicht kurzfristig genug und vor allem unbewusst. Du benutzt sie beispielsweise, um Deinen Urlaub zu planen. Beispiel? Am Anfang des Jahres machst Du Dir einen Jahresplan, da überlegst Du Dir beispielsweise die Zeiträume Deiner nächsten Urlaube. Und so blockst Du Dir im Kalender fünf Tage im März für's Ski fahren und zwei Wochen für den Strandurlaub im August. Oder anders, das ist ja auch egal, irgendwie markierst Du Dir ein paar X in Deinem Kalender.

Diese Technik überträgst Du ab jetzt auch auf Deine Arbeitswoche. Mach Dir X-Blöcke für bestimmte Aufgaben. Hier ein paar Beispiele:

X-Block: Mails beantworten

X-Block: Telefonate führen

X-Block: Einkaufen

X-Block: Aufräumen

X-Block: ...

Die X-Blöcke helfen Dir, Dich und Deine Aufgaben zu organisieren und durch die zeitliche Planung wirklich anzufangen. Denke immer daran, dass Du durch effektives Arbeiten auch mehr Zeit für Hobbys und Freu(n)de hast. Gerade diese Beispiele mit den Mails, Telefonaten & Co. versuchen die meisten eher zwischendurch und nebenbei zu machen. Multitasking-Schizophrenie. Erinnerst Du Dich? Nimm also dieses Rezept und hilf Dir damit bei Deiner Organisation und Planung!

TO-DO

Probier die X-Ketten-Technik für Deine nächste Woche aus! Wenn Dir das zu viel ist, probier es erstmal mit drei Tagen und steigere Dich von Woche zu Woche!

4
Listen

1. *Bucket-Liste*
2. *Negativliste*
3. *To-Do-Liste*
4. *Let-it-be-Liste*

Die Menschen lieben Listen! Ich liebe Listen! Du liebst Listen! Und wenn das noch nicht der Fall ist, dann sieht das nach diesem Kapitel anders aus! Ich stelle Dir hier vier meiner Lieblingslisten vor, Du brauchst nicht direkt alle auszuprobieren, nimm Dir Zeit und finde heraus, welche Dir am besten gefällt. Listen wecken positive Gefühle in uns, denk mal an Deine Geburtstagsliste, Weihnachtslisten und, und, und! Denk vielleicht nicht an Einkaufslisten ☺, obwohl, auch ohne die wären wir manchmal verloren. Im Supermarkt hast Du dann doch irgendetwas vergessen und dann musst Du nochmal los. Pure Zeitverschwendung. Und wie die klassische Supermarktliste, helfen Dir auch diese Listen zur Bewältigung des Alltags. Listen sind einfach super, um den Überblick zu behalten und alles Wichtige zu organisieren. Neben der klassischen To-Do-Liste gibt es noch tausend andere Listen, und alle haben ihren eigenen Charme. Finde heraus, welche Dein Favorit ist!

REZEPT Nr. 25
Bucket-Liste

Frage: Wenn Du morgen sterben würdest, was würdest Du bereuen nie getan zu haben?

Meine Umfrage via Social Media brachte viele Antworten, die sich ähneln.

Hier die TOP 5 der bereuten Dinge:

1. *Ich widme meiner Familie nicht genug Zeit.*
2. *Ich lebe Emotionen/Wünsche in meiner Partnerschaft/im Job nicht aus.*
3. *Ich vernachlässige meine Freunde.*
4. *Ich habe bestimmte Länder/Orte nicht bereist.*
5. *Ich verfolge Sportarten/Sprachen/Hobbys nicht konsequent.*

Kommen Dir die Antworten bekannt vor? Dieses Gedankenexperiment ist ziemlich radikal und auch etwas angsteinflößend! Eine ehrliche Antwort ist da gar nicht so einfach. Ich halte die Fragestellung zwar für drastisch und dennoch für sinnvoll. Sie öffnet Deine Augen. Ich formuliere die Frage nochmals um. Jetzt geht es nicht darum, was Du bereuen würdest, sondern was Du noch tun willst!

Dieses Thema wird wunderbar in dem Blockbuster „Das Beste kommt zum Schluss" thematisiert, die Hauptcharaktere erstellen eine ‚Löffelliste', unter dem Motto:

„Was willst Du noch tun, bevor Du den Löffel abgibst?"

Für Deine persönliche Löffelliste machst Du Dir noch ein paar Gedanken über folgenden Fragen:

- *Was wolltest Du früher immer machen?*

- *Wovon hast Du immer wieder geträumt?*

- *Was möchtest Du unbedingt noch sehen oder erleben?*

- *Was willst Du noch erreichen?*

- *Welche Menschen sind Dir wichtig?*

Frage Dich: Wenn Zeit und Geld keine Rolle spielen, was willst Du tun? All diese Gedanken formulierst Du zu Zielen für Deine Löffelliste. Wie viele das werden, bleibt allein Dir überlassen. Da gibt's keine Regeln, das macht jeder mit sich selbst aus. Die Punkte auf Deiner Löffelliste müssen auch nicht (alle) realistisch sein, nimm sie als Motivation für den Alltag und als Inspiration für Dich selbst!

Meine Tipps:

1. *Am Anfang des Monats guckst Du Dir Deine Löffelliste genau an! Welche Punkte setzt Du in diesem Monat um? Such Dir 1-4 Ziele aus und leg los!*

2. *Setze Prioritäten und teile die einzelnen Punkte in kurz-, mittel- und langfristige Vorhaben ein. Für besonders Ambitionierte: Ein Ziel pro Tag.*

3. *Tausche Dich mit Deinen Freunden über eure Löffellisten aus! Fungiert als gegenseitige Kontrolleure und achtet darauf die Löffelliste auch wirklich anzupacken!*

4. *Platziere Deine Löffelliste gut sichtbar und streiche Erreichtes durch! Dadurch entsteht das Gefühl von Erfolgserlebnissen und das wirkt sehr motivierend! Bevorzugte Plätze: Über dem Schreibtisch, am Kleiderschrank oder neben Deinem Wandkalender.*

Meine extra Empfehlung: Entwickle Deine persönliche Strategie im Umgang mit der Löffelliste. Geh zum Beispiel spielerisch heran und schreib Deine Punkte nicht gesammelt auf eine Liste, sondern auf einzelne Zettel. Verschiedene Farben sind dabei verschiedene Kategorien, alle Zettel kommen in ein großes Glas und jede Woche ziehst Du Dir einen neuen Zettel. Das muss auch kein Ego-Spiel sein, ein Glas pro Gruppe geht natürlich auch: So beginnt ein gemeinsames Projekt mit Familie oder Freunden.

Merkst Du etwas? Das Prinzip der Löffelliste verschafft Dir Freiheit und Freude durch Struktur: Du lernst, Dich auf Wesentliches zu konzentrieren und ehrlich zu Dir selbst zu sein. Es geht dabei weniger um Effizienz sondern viel mehr um Effektivität. Eben ein geiles Leben zu haben oder gemäß der Liste: Gehabt zu haben.

TO-DO

Schreib Dir jetzt den ersten Punkt auf einen Zettel, den Du auf Deiner Löffelliste haben willst. Das erste, was Dir einfällt! Der erste Schritt für die Umsetzung dieses Punktes ist für diese Woche Deine oberste Priorität!

REZEPT Nr. 26
Negativliste

Die Bekämpfung der Aufschieberitis ist nicht einfach, das ist mittlerweile klar, und damit Du wirklich gegen sie ankommst, setzt Du Dich auch noch mit den negativen Erfahrungen in Deinem Leben auseinander. Gerade diese blockieren nämlich den Fortschritt in Dir und lassen Dich an Dir selbst zweifeln. Deshalb kommt jetzt, Trommelwirbel, die Negativliste!

Wie der Name schon vermuten lässt, ist die Negativliste keine Liste, die Du Dir gerne anschaust. Keine ‚Wünsch-Dir-was'-Attitüde, sondern knallharte Konfrontation mit Deinen Fehlschlägen und Versäumnissen. Auf dieser Liste hältst Du fest, was in den letzten Jahren so alles schief gelaufen ist. Setz Dich also hin und überleg mal: Was ärgert Dich heute noch? Wo hast Du Fehler gemacht? Welche Fehlentscheidungen hast Du getroffen? Wäge dabei gut ab. Nur die Dinge, die Dich wirklich noch emotional anschlagen, schaffen es auf die Liste. Du erinnerst Dich bestimmt an viele Situationen, doch welche machen Dich immer noch wütend oder traurig? Dass Du damals zu spät zum Mathe-Abi gekommen bist, ist mittlerweile eher eine lustige Geschichte, als der vollkommene Weltuntergang. Und genau deshalb machst Du diese Negativliste, an ihr siehst Du, welche Sachen, welche Verhaltensweisen Dich im Nachhinein wirklich noch beschäftigen. Die Negativliste ist die ultimative ‚Aus-Fehlern-lernt-man'-Methode.

> *„Zeig einem schlauen Menschen einen*
> *Fehler und er wird sich bedanken.*
> *Zeig einem dummen Menschen einen*
> *Fehler und er wird Dich beleidigen."*
> *– Laozi –*

Die Negativliste hilft Dir, Deine Fehler zu ordnen und ein-
zuschätzen. Es ist wichtig für Dein Selbstbild, auch Deine
Schwächen zu kennen. Und ja, auch diese „negative" Auseinandersetzung wirkt motivierend! Überleg mal, was die
Folgen Deiner „falschen" Entscheidungen und Handlungen
waren? Hast Du Dich dadurch verändert? Welche unvorher-
gesehenen Türen haben sich dadurch geöffnet? Befasse
Dich mit Deinen Fehlern und lerne aus ihnen, genau dafür
ist die Negativliste da!

TO-DO

Überlege, welche Fehlentscheidung, beziehungsweise
besser, welcher **Umweg** Dich zu etwas ganz Besonde-
rem in Deinem Leben geführt hat. Zu etwas, auf das
Du heute auf keinen Fall verzichten möchtest. Beispielsweise hat Dich vielleicht eine Zugverspätung zu
Deinem/Deiner Traumpartner/in geführt oder eine
Jobabsage hat Dich zu einem viel passenderen Joban-
gebot gebracht. Überlege also, welche im ersten Moment schlechten Entscheidungen, Dich zu guten geführt haben?

REZEPT Nr. 27
To-Do-Liste

To-Do

1. Welt
2. Himmel & Wolken
3. Land & Meer
4. Sonne, Mond, Sterne
5. Tiere
6. Mensch
7. Ausruhen

Der Klassiker unter allen Listen und das nicht zu Unrecht! Das Standardrezept, um Ordnung zu halten, darf in diesem Buch nicht fehlen. Deshalb kommen jetzt nochmal die Vorteile einer To-Do-Liste! Eine gut geführte To-Do-Liste lässt auch mein Herz höher schlagen. Einen Punkt von der To-Do-Liste zu streichen, ist ein sehr befriedigendes Gefühl. Gestrichen auf der To-Do-Liste, heißt auch: gestrichen aus dem Gehirn. Abgeschlossen. Fertig. Super! Du visualisierst Dir dabei ja eigentlich nur, dass Du schon etwas geschafft hast, dass Dein Aufgabenberg kleiner wird. Die To-Do-Liste hilft Dir bei Deinem Selbstmanagement, sie bewältigt Planung und Kontrolle zugleich. Es ist super in einer so komplexen Welt einfach alles auf einer kleinen simplen Liste zu ordnen. Leider birgt die To-Do-Liste auch Tücken, denn gewisse Dinge werden nicht ausreichend auf ihr erfasst. Und genau deshalb klappt das auch bei Dir oft nicht mit der gut gemeinten To-Do-Liste. Worauf musst Du achten?

Hier ein paar Tipps für eine effektive To-Do-Liste:

- *Benutze Schlagwörter zur besseren Übersicht.*

- *Nur Aufgaben, keine Termine!*

- *Schreib Deine Liste immer abends für den nächsten Tag. Kontrolliere morgens, ob Du noch etwas hinzufügst.*

- *Leider erfassen einfache To-Do-Listen weder Zeitplanung noch Priorisierung der Punkte, was bei größeren Aufgaben enorm wichtig für die Planung ist. Füge deshalb zwei weitere Spalten hinzu: 1. Aufwand/Zeit und 2. Deadline.*

- *Große Aufgaben schrecken uns eher ab, versuche deshalb, sie in kleinere Aufgaben runterzubrechen.*

- *Führe mehrere kleine To-Do-Listen, anstatt einer unübersichtlichen großen. Unterscheide dabei in verschiedene Kategorien, beispielsweise Beruf und Privat.*

- *Überleg Dir, wie Deine To-Do-Liste aussieht: Bist Du eher der analoge Zettelführer oder der digitale Listenschreiber?*

- *Zur weiteren Organisation benutzt Du die 1-3-5-Regel. Der Aufbau Deiner täglichen To-Do-Liste sieht dann so aus:*

Ein paar Lieblingsmodelle will ich Dir schnell noch vorstellen, Du bestellst sie ganz easy im Netz oder in Deinem Lieblingsbuchladen.

1. Die *‚etmamu 462'-To-Do-Liste*: *Dieser Block hat ein super praktisches A5-Format und eine Spiralbindung, das ist super, dann wird er nämlich im Laufe der Zeit auch immer dünner. Auf allen Blättern sind drei Spalten vorgedruckt: Priorität, Aufgabe und Fälligkeit. Dazu kommt noch ein schickes Design!*

2. Für den täglichen Gebrauch und insbesondere für einfache Aufgaben geeignet, ist der **Dreierpack ,To-Do-Listen-Notizblock'** – für bessere Organisation und mehr Zeit. Das sind ganz simple vorgedruckte To-Do-Listen. Das Besondere an diesem Modell ist das hochwertige Papier und der exklusive Offsetdruck.

3. An der **2er-Set To-Do-Liste ,Motivierender Block'** mag ich insbesondere das verspielte Design. Wer also auch was fürs Auge will, guckt sich diese schönen A6-Blöcke an. Die sind auch super zum Verschenken und passen in jede Tasche.
Spalten: Priorität, To-Do, Erledigt.

4. Die To-Do-Liste des **,California Lines Planer'** fungiert gleichzeitig als Tages- oder auch Wochenplaner, wieder in praktischer A5-Größe und in ansprechendem Design. Dieser Planer ist nicht nur To-Do-Liste und Kalender, sondern auch Projektmanager. Das Design ist insbesondere auf Deine Projektideen ausgelegt. Zwei Seiten pro Projekt sind angedacht, die linke Seite ist frei gehalten für Notizen und Skizzen, die rechte liniert und mit den To-Do-Flächen. Der Projekt Planer California, unter dem Motto „Plan your Life", ist nichts für ausgewachsene Machos, er hat nämlich ein schwarz-rosa Design. Echte Männer dürfte das wohl nicht stören ☺.

TO-DO

Schreib Dir jetzt auf Deine To-Do-Liste für morgen: Passende To-Do-Liste finden!

REZEPT Nr. 28
Let-it-be-Liste

Das hört sich jetzt paradox an, nach der To-Do-Liste eine Let-it-be-Liste zu empfehlen, ist es aber gar nicht! Was ist eine Let-it-be-Liste? Naja, ausnahmsweise ist diese Liste für Dinge da, die Du einfach mal sein lässt. Dieses Rezept fokussiert sich auf die innere Balance und den Ausgleich zum täglichen Stress. Loslassen und entspannen muss auch gelernt werden und dafür ist die Let-it-be-Liste super! Auf ihr stehen Dinge, auf die Du einfach keinen Bock hast. Beispielsweise joggen – lass den Sport doch einfach mal eine Woche sein. Oder die Wohnung aufräumen, verschieb das auch einfach mal bewusst für ein paar Tage. Telefonate führen, Geschenke überlegen, Urlaub planen, Rauchen aufhören, Pfand wegbringen, Steuererklärung machen, Exfreund/in zurückrufen und, und, und. Auf die Let-it-be-Liste kann alles drauf!

Diese Liste ist insbesondere für Leute, die nicht so gut mit den durchschnittlichen To-Do-Listen klar kommen. Die Let-it-be-Liste schafft einen Ausgleich zum täglichen Arbeitsdruck. In unserer leistungsorientierten Gesellschaft musst Du erst wieder lernen, Dinge auch mal loszulassen. Das bezieht sich auch auf Deinen Lebensalltag neben der Arbeit. Unsere Gesellschaft ist nämlich nicht nur eine leistungsorientierte, sondern auch eine erlebnisorientierte Gesellschaft. Immer mehr Erlebnisse in kürzere Zeit packen, immer extremer und immer ausgefallener, das ist der Konsens der Zeit. Von diesem Denken müssen wir uns wieder lösen. Es geht nicht darum, immer *Ja* zu allem zu sagen. Damit sagen wir nämlich oft genug *Nein* zu sehr vielen anderen Dingen:

> *„People think focus means saying yes to the thing you got to focus on. But that's not what it means at all. It means saying no to the hundred other good ideas that there are. You have to pick carefully. I'm actually as proud of the things we haven't done as the things I have done. Innovation is saying* **no** *to 1,000 things."*
> *– Steve Job –*

Die Let-it-be-Liste hilft Dir, Dich zu entspannen und Sachen einfach mal aus dem Kopf zu kriegen. So bleibst Du ausgeglichen und fokussiert auf Deine wichtigen Projekte.

TO-DO

Entscheide Dich bewusst gegen Sachen und schreibe sie auf Deine Let-it-be-Liste. Das Schöne ist, sobald Du sie drauf geschrieben hast, sind sie schon erledigt, da Du sie ja nicht erledigst. ☺

5
Apps

1. *Offtime*
2. *A time logger*
3. *Textify*
4. *do it (tommorrow)*
5. *clockwork tomato*

Wie im ersten Buch und den ersten 33 Rezepten gegen Aufschieberitis versprochen, kommen jetzt einige Apps, die Dir
helfen, Dein Leben zu organisieren und die Dir helfen,
Dinge zu vereinfachen oder fokussiert zu bleiben. Mittlerweile dürfte ja jeder ein Smartphone besitzen, es ist auch
einfach praktisch, keine Frage! Logischerweise gehst Du
bewusst mit Deinem Smartphone-Konsum um, Dein Leben
findet ja schließlich noch in der Realität statt. Und das
Smartphone ersetzt nicht alles! An anderer Stelle ist es eine
große Hilfe und auch das nutzt Du! Ähnlich wie bei den
Listen verhält es sich so, dass Du erstmal ausprobierst, welche Apps für Dich in Frage kommen. Alle haben ihren Reiz,
doch sind die nicht unbedingt für jedermann notwendig.
Ganz nach dem Motto: Nichts muss, alles kann. So, jetzt
labere ich nicht mehr groß herum und stelle Dir meine
Top 5 vor!

REZEPT Nr. 29
Offtime

Es klingt paradox, trotzdem ist es wahr: Diese App hilft Dir, Deine Smartphone-Sucht zu überwinden. Kein ständiges Whatsapp-Checken, keine reinkommenden E-Mails, einfach mal eine digitale Auszeit, die zum effektiven Arbeiten notwendig ist. Im Grunde genommen sperrt Offtime von Dir ausgewählte Programme/Apps für einen bestimmten Zeitraum. Oft brauchen wir diesen Anstupser, um endlich mal richtig durchzuziehen. Praktischerweise wird nicht Dein ganzes Handy gesperrt, sondern eben nur die von Dir ausgewählten Funktionen. Das ist zum Beispiel Facebook, Whatsapp, Instagram, E-Mail-Account und so weiter. Was super praktisch ist, ist die Funktion der Vorausplanung, das heißt: Du stellst zum Beispiel ein, dass Du jeden Tag von 12:00 bis 14:00 Uhr telefonisch nicht erreichbar bist. So planst Du Dir tägliche Auszeiten ein. Wenn Du willst, richtest Du Notfallkontakte ein, für die Du trotzdem erreichbar bist. Die App fungiert sozusagen als Türsteher: Nur wer auf der Liste steht, kommt auch rein. Willst Du eine gesperrte App trotzdem öffnen, musst Du eine Minute warten und Offtime fragt Dich erneut, ob Du das auch wirklich willst. Meistens ist die Antwort Nein. Offtime zeigt Dir auch, wie viel Zeit Du mit Deinen verschiedenen Apps verbringst. Außerdem kannst Du Zielzeiten einstellen. Das heißt beispielsweise: Du willst höchstens 40 Minuten pro Tag in Whatsapp chatten, Offtime erinnert Dich dann regelmäßig an Deine restliche Zielzeit. Sehr praktisch, um einen echten

Überblick über Deinen Smartphonekonsum zu gewinnen, wer weiß schon wirklich, wie viel Zeit er da verdaddelt? Offtime hilft Dir, Deinen Konsum zu senken, konzentrierter zu arbeiten und Kontrolle über Deine Nutzung zu erhalten.

TO-DO

Überleg mal, wie oft Dich Dein Smartphone beim Arbeiten ablenkt? Zu oft? Dann lade Dir Offtime runter und probiere es eine Woche lang aus!

REZEPT Nr. 30
A time logger

Wenn Du Dich öfter mal fragst, wo eigentlich die ganze Zeit geblieben ist und ob ein Tag wirklich 24 Stunden hat, dann ist diese App genau richtig für Dich! Kombiniert mit der *Störfaktoranalyse* aus Rezept 23 hast Du hier eine sehr gute Möglichkeit, einen realistischen Überblick über Deine Zeit zu bekommen. Genauer gesagt über die Zeitspanne, die Du für Deine täglichen Aufgaben brauchst. Du weißt dann also ganz genau, wo Deine Zeit hin ist und achtest in Zukunft besser darauf. Diese App ist also da, um Kontrolle über Deine Zeitverwendung und Zeitverschwendung zu bekommen. Da Du Dein Smartphone sowieso ständig in der Hand hältst, nutz es doch zu Deinem Vorteil! Die App funktioniert so, dass Du immer, bevor Du mit einer Aufgabe oder einer Handlung anfängst, auf Deinem Smartphone einen Zeitstopper startest. Beispielsweise fürs Duschen, Du gehst rein, startest den Knopf, bist fertig und stoppst auf derselben Taste. Das Interessante an der Sache ist, dass eben auch alltägliche Dinge wie Duschen, Essen, Kaffeepause gestoppt werden. So siehst Du beispielsweise, wie viel Zeit Du innerhalb einer Woche für solche Dinge verbrauchst. Die App erstellt für Dich übersichtliche Statistiken, wie lange Du wofür brauchst. Die Zeitstoppertaste ist direkt als Widget verfügbar, das heißt als Symbol auf Deinem Smartphone Hintergrund. Probier's doch einfach mal aus!

TO-DO

Mess eine Woche lang die Zeit für alle Deine Handlungen! Schau dann in die Statistik und überlege, wofür Du auf keinen Fall so viel Zeit verwenden willst. Und denk danach mal an die Offtime-App, aus dem vorigen Rezept Nr. 29, und schränke Deine zukünftige Nutzung gegebenenfalls ein.

REZEPT Nr. 31

Textify

Egal wie Du dazu stehst, ob Du sie liebst oder hasst, ständig oder nie verwendest, sie sind angekommen im 21. Jahrhundert: Die Sprachnachrichten! Minutenlang nervt Dein/e beste/r Freund/in Dich jetzt mit ihren Alltagssorgen, einfach per Sprachnachricht. Klar, es ist praktisch, weniger Tippen = Zeitersparnis. Naja, egal ob Du sie also selbst verwendest oder nur Empfänger bist, es kommt doch ab und an vor, dass Du in einem Raum bist, in dem Du die Sprachnachricht eher ungern abhörst. Bibliothek, Bahn, Arbeit und, und, und. Es gibt allerdings eine App, mit der Du die empfangene Sprachnachricht verschriftlichen lässt: Die Textify-App! Hört sich mega praktisch an und ist sie auch! Sie ist noch nicht vollkommen perfektioniert, beispielsweise übersetzt sie Dialekt, aber auch Handynummer und Adresse öfters mal ins Kauderwelsch. Trotzdem finde ich sie sehr praktisch und meistens brauchst Du nhcit jdees Wort, um den Sinn zu verstehen. Mit Textify chattest Du jetzt auch in langweiligen Meetings mit Deinen Freunden über ihre Sorgen! Außerdem kannst Du sie nutzen, um Sprachnachrichten an Dich selbst zu schicken und diese verschriftlichen zu lassen. Beispielsweise um Dir Sachen oder Ideen zu merken und nicht viel Zeit beim Tippen zu verlieren. Ich habe sogar Teile dieses Buches mit der App geschrieben, nutze sie zur Zeitersparnis!

TO-DO

Besorg Dir Textify und nutze es, um nicht mehr von
Pausen oder einsamen Orten abhängig zu sein!

REZEPT Nr. 32

Do it (tommorrow)

Die klassische To-Do-Liste kennst Du ja schon aus dem Rezept Nr. 27, hier stelle ich Dir noch eine praktische On-the-Road-Variante vor! Das Smartphone ist (fast) immer dabei, mittlerweile sogar als Art Kette tragbar, deshalb ist es nicht verkehrt, auch eine To-Do-Liste auf dem Smartphone zu installieren. Mit der Do-it-(tommorrow)-App hast Du Deine To-Do-Liste immer dabei. Das Design ist super einfach gestaltet und perfekt für eine To-Do-Liste, es sieht aus wie ein kleines aufgeschlagenes Notizbuch. Es gibt zwei Seiten: To-Dos für den heutigen Tag und To-Dos für den morgigen. Die To-Dos switchst Du zwischen diesen beiden Möglichkeiten. Entweder heute oder morgen! Insgesamt passen elf To-Dos auf eine Seite, bevor Du anfängst zu scrollen, das ist super, denn es sollte nicht zu viele werden und Dein Ziel ist es, nie mehr als elf To-Dos zu haben. Schaffst Du an einem Tag nicht alle, werden die Todays automatisch wieder zu neuen Todays für den nächsten Tag. Sie reisen sozusagen von Tag zu Tag mit. Ich bin super zufrieden und empfehle die App voll und ganz weiter!

TO-DO

Was gefällt Dir besser? Eine To-Do-Liste auf dem Handy oder analog? Entscheide Dich und schreib Dir direkt drei To-Dos für den morgigen Tag auf!

REZEPT Nr. 33
Clockwork tomato

Passend zur *Pomodoro-Technik* aus Rezept Nr. 16 gibt's auch eine App! Die verbraucht überhaupt nicht viel Speicher und verhilft Dir zu einer unkomplizierten Anwendung der Pomodoro-Technik! Faktisch ist die *clockwork tomato* einfach ein Zeitstopper, der im Pomodoro-Intervall arbeitet, das heißt 25 Minuten powern und dann 5 Minuten Pause. Und auf ein neues Pomodoro! Praktischerweise sammelt die App auch Deine Pomodoro-Einheiten und gibt Dir einen Überblick über die Anzahl. Stell die Stoppuhr optisch auf Deine Vorlieben ein und setze diese als Widget auf Deinen Smartphone-Hintergrund. Super easy, super praktisch! Da gibt's nicht viel zu sagen! Wenn Du insbesondere am Computer arbeitest, gibt es auch einen Tomato-Timer für den Webbrowser, so kannst Du Dein Smartphone ganz wegsperren. Für Chrome gibt's sogar einen „strict pomodoro", der den Zugang zu anderen Websiten unterbindet und somit ideal ist für beispielsweise Studenten, die an Hausarbeiten schreiben und durch Youtube etc. prokrastinieren.

TO-DO

Benutze die App und motiviere Dich zu mehreren Pomodoros! Gerade der Überblick über schon geschaffte Pomodoros hilft Dir, dranzubleiben!

6
Fazit

Geschafft! Du hast es geschafft! Das letzte Kapitel liegt vor Dir und alle 33 Rezepte hinter Dir! Ich hoffe, dass Du diese Rezepte ausprobierst und herausfindest, welche für Dich am wertvollsten sind. Wirklich jeder Schritt in die richtige Richtung zählt! Step by step. Und damit Du auch in die richtige Richtung läufst, weißt Du am besen, welchen Weg Du gehst. Erinnere Dich an Rezept Nr. 19, die Lebenshüte-Methode, was macht Dich aus? Wer willst Du sein und in was willst Du gut oder gar besser sein? Finde Deine wichtigsten Rollen im Leben und auf diese konzentrierst Du Dich. Um den Fokus auf Deinen Zielen zu halten, ist es super, auch mit Deinem Umfeld im Reinen zu sein. Das betrifft zum einen Dein Umfeld, in dem Du lebst, also Deine Wohnung und Dein Arbeitsplatz, als auch Dein soziales Umfeld. Nimm Dir als erstes Deine Wohnung vor! Denk an die zwei Aufräum-Rezepte Nr. 13 und Nr. 14 und mach Klarschiff bei Dir zu Hause. Äußere Ordnung begünstigt auch innere Ordnung. Mach Dich frei von Sachen, die Du nicht brauchst und auch von Freunden, die Dich runterziehen. Energievampire sind unerwünscht! Du brauchst Freunde, auf die Du Dich verlassen kannst und die Dir, wenn nötig, auch mal in den Arsch treten. Arschloch-Freunde eben, wie aus Rezept 20. Mir ist wichtig, dass Du verstehst, dass Du ganz allein die Kraft hast, Dein Verhalten zu ändern. Auch wenn es die Umstände oft erschweren, pfeif darauf und versuch aus Dir selbst rauszukommen und Kraft zu schöpfen. Überlege immer, auch wenn äußere Umstände Dich an Deinen Zielen oder Vorhaben hindern, wie Du doch einen Weg findest. Werde kreativ! Und eine Sache noch, die mir immer wieder unglaublich hilft, und doch nicht so einfach in den Kopf geht: Lass Dich nicht ärgern! Die Menschen gehen viel zu schlecht gelaunt durchs Leben und immer wieder wirst Du grundlos angeschnauzt. Das liegt ganz einfach daran, dass viele Menschen sehr unzufrieden mit ihrem Leben sind. Unzufriedenheit = Unfreundlichkeit. Bleib positiv und anstatt Dich zwecklos zu ärgern, schenkst Du solchen Erlebnissen keine Aufmerksamkeit. Mir tut es mittlerweile wirklich leid, wie viele Menschen gefangen sind in ihrer Unzufriedenheit und auch in ihrem Selbstmitleid. Befrei Dich also mit Hilfe dieses Buches von nervigen Gewohnheiten und entwickle Dein Verhalten und damit Dein Leben weiter. Bleib dran und fordere Dich immer neu heraus! Es geht immer weiter und es gibt immer neue Tricks zu lernen! Wenn Dir diese 33 Rezepte gefallen haben, dann freu Dich schon mal auf das dritte und finale 33-Rezepte-gegen-Aufschieberitis-Buch! Am Ende haben wir dann wunderbare 99 Rezepte und da ist definitiv für jeden etwas dabei!

Brauchst Du noch mehr Informationen besuche mich gerne auf meiner Website *www.danielhoch.com*. Ich wünsche Dir ganz viel Erfolg und gutes Gelingen beim Umsetzen der Rezepte! In diesem Sinne wünsche ich allen Lesern ganz viel Energie. Los geht's, endlich Tacheles reden – mit Dir selbst und Deinem Umfeld! Das Leben ist schön. *Dein Daniel Hoch*

Über den Autor

Daniel Hoch nimmt kein Blatt vor den Mund

Daniel Hoch kennt keine Tabus und legt die Karten offen auf den Tisch. Seit über 15 Jahren forscht und referiert der Top Speaker und Life-Coach auf höchstem Niveau in den Bereichen: Klarheit, Souveränität und Erfolg. Auf faszinierende Weise verbindet er Wissen mit Entertainment und hilft so Menschen, ihr bisher unentdecktes Potenzial bewussterzumachen und vollkommener auszuschöpfen. Mit einer großen Prise Unverfrorenheit stellt er den inneren Dialog seiner Zuhörer und Zuschauer spürbar auf Erfolg und zieht so jedes Publikum in seinen Bann. Daniel Hoch repräsentiert den Weg der ambivalent wohlwollenden Provokation in Perfektion. Erleben Sie Tränen der Betroffenheit und der Freude.

Nominiert für den RED FOX AWARD 2019 und 2020 und ausgezeichnet vom Magazin Focus als Trainer des Jahres 2016, hat er inzwischen 17 Bücher und zahlreiche Fachpublikationen veröffentlicht. Mehr als 10.000 Teilnehmer besuchen jedes Jahr seine Seminare und Vorträge. Als Experte steht er regelmäßig in Funk und Fernsehen vor der Kamera. An Hochschulen und Universitäten ist er als Profi ein sehr begehrter Gastdozent. Lassen Sie sich von Daniel Hoch berühren, wachrütteln und begeistern.

Keynotes/Workshops

• MINDPUNK® – Denken und Leben für neue Götter

• KOPFKINO – Warum der richtige Fokus lebensentscheidend ist

• RESILIENZ – Umgang mit Krisen & Veränderungen

• AUFSCHIEBERITIS® – Wie Du Dich und Deine Gewohnheiten in den Griff bekommst

• KLARTEXT – Geheimnisse erfolgreicher Kommunikation

• KÖRPERSPRACHE – Die Zunge lügt, der Körper nie

Kontaktdaten

E-Mail: presse@danielhoch.com
Web: www.danielhoch.com
Telefon: 0341 22814045

Veröffentlichungen von Daniel Hoch

MINDPUNK®
Denken und Leben für neue Götter

Die Veränderungen da draußen sind rasant und chaotisch: Die neue Welt prallt auf das alte Denken und es gibt einen gewaltigen Clash! Human (R)Evolution – Krieg der Werte und Generationen. Darwin ist out. Was hilft, ist ein Paradigmenwechsel ohne Wenn und Aber, denn Changemanagement ist tot und Veränderung funktioniert nicht mehr.

Auf ernsthafte und zugleich charmante Art zeigt Daniel Hoch, wie jeder Mensch zum MINDPUNK® wird: Welche Prinzipien in Zeiten des Wandels von Kulturen, Werten und Generationen immer wichtiger werden und wie wir sie leben. Er inspiriert mit Einblicken in seine persönliche Entwicklung und mit Momenten aus dem Leben – für das Leben. Für alle.

ISBN Hardcover: 978-3-948767-04-4
ISBN E-Book: 978-3-948767-05-1
ISBN Hörbuch: 978-3-948767-06-8

Preis: 29,99 €

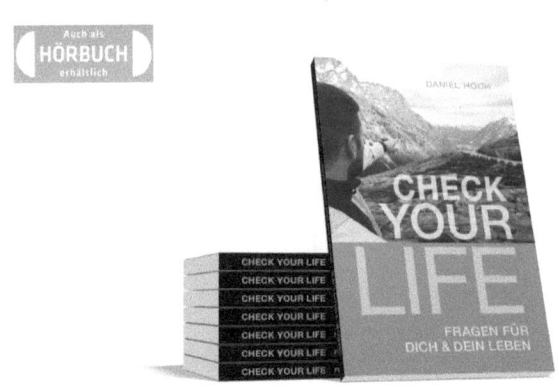

CHECK YOUR LIFE!
Fragen für Dich & Dein Leben

Viele Menschen wünschen sich ein Leben, das mehr ihrem Sinn entspricht. Nur irgendwie klappt es nicht. Um der eigenen Lebensvision Stück für Stück näher zu kommen, braucht es Selbstreflexion. Denn die Gründe, warum wir noch nicht das Leben führen, von dem wir träumen, liegen immer in uns, im Selbst.

Um Deine Antworten des Lebens zu finden, stellt Dir Daniel Hoch in seinem Workbook „CHECK YOUR LIFE! Fragen für Dich & Dein Leben" 99 tiefgreifende und zum Teil provokante Fragen, die Dir helfen, Dich intensiv und nachhaltig zu reflektieren. Mit CHECK YOUR LIFE! entfaltest Du neue, bisher unentdeckte Potenziale, findest mehr Deinen Sinn und gewinnst Klarheit darüber, wie Du Dein Leben erfüllender er-schaffst und gestaltest.

ISBN Paperback: 978-3-948767-00-6
ISBN E-Book: 978-3-948767-01-3
ISBN Hörbuch: 978-3-948767-41-9

Preis: 24,99 €

TUN®
Am Ende zählt nur das Ergebnis,
nie die Ausreden.

Die Buchinhalte sind Ihr täglicher Ratgeber gegen die „Aufschieberitis®", um die privaten und beruflichen Ziele definitiv und sinnvoll zu erreichen. Die Rezepte beziehen sich nicht nur auf Ihr persönliches Handeln, sondern vor allem auf das unternehmerische und zielorientierte TUN®.

ISBN Paperback: 978-3-948767-02-0
ISBN E-Book: 978-3-948767-03-7
ISBN Hörbuch: 978-3-948767-40-2

Preis: 24,99 €

AUFSCHIEBERITIS® – Die Volkskrankheit Nr. 1

In der zweiten Auflage dieses Buches erfahren Sie alles über Ursachen, Symptome sowie schwerwiegende Nebenwirkungen der Volkskrankheit „Aufschieberitis".

Lesen Sie, wie Sie mit dieser scheinbar harmlosen, aber auf weite Sicht lebensbedrohliche Diagnose umgehen. Nutzen Sie Daniel Hochs neue Erfolgsrezepte, um die Krankheit zu besiegen und schützen Sie sich vor erneuter Ansteckung! Die zweite Auflage überzeugt durch neue Erkenntnisse, aktuelle Studien und Interviews: Damit bezwingen Sie Ihren Schweinehund garantiert!

ISBN Paperback: 978-3-948767-07-5
ISBN E-Book: 978-3-948767-08-2
ISBN Hörbuch: 978-3-948767-98-3

Preis: 19,99 €

AUFSCHIEBERITIS®
bei Führungskräften

In diesem Buch erkennen Sie Ursachen, Symptome und schwerwiegende Nebenwirkungen der „Volkskrankheit Aufschieberitis bei Führungskräften". Nutzen Sie die Erfolgsrezepte der beiden Führungskräfte-Coaches Daniel Hoch und Christine Carus für Ihren eigenen Führungsalltag. Bezwingen Sie mit den Erkenntnissen Ihren Schweinehund und handeln Sie!

ISBN Paperback: 978-3-948767-09-9
ISBN E-Book: 978-3-948767-10-5
ISBN Hörbuch: 978-3-948767-46-4

Preis: 19,99 €

AUFSCHIEBERITIS®
bei Studenten

In diesem Buch erkennst Du Ursachen, Symptome und schwerwiegende Nebenwirkungen der „Aufschieberitis®" bei Studenten. Nutze meine Erfolgsrezepte als Führungskräfte- und Mental Coach für Deinen Studentenalltag. Bezwinge mit diesen Erkenntnissen und Rezepten Deinen Schweinehund!

ISBN Paperback: 978-3-948767-11-2
ISBN E-Book: 978-3-948767-12-9
ISBN Hörbuch: 978-3-948767-47-1

Preis: 14,99 €

Leadership Bibel
Klarheit und Souveränität in der Führung

Souveräne Führung hat zwei wichtige Zielsetzungen: Einerseits das wirtschaftliche Ergebnis, also die Zahlen, Daten, Fakten und andererseits die Erfüllung der menschlichen Bedürfnisse aller Teammitglieder, um produktiv mit Freude zu arbeiten. Eine souveräne Führungskraft vereint beides und entwickelt ein prinzipienorientiertes Führen auf Basis der Eigenverantwortung jedes Teammitglieds. So schöpfen Sie die Potenziale des gesamten Teams aus und schaffen Arbeitsfreude in einem innovativen Füreinander.

Daniel Hoch zeigt Ihnen in der „Leadership Bibel", wie Sie durch Prinzipien moderner Führung mehr Klarheit und Souveränität schaffen. Sie erfahren, wie Sie sich als Führungskraft optimal organisieren und lernen, wie Sie erfolgreich und klar kommunizieren. Er-schaffen Sie ein völlig neues Arbeitsgefühl für Ihr Team und für Sie selbst.

ISBN Paperback: 978-3-948767-23-5
ISBN E-Book: 978-3-948767-24-2
ISBN Hörbuch: 978-3-948767-37-2

Preis: 14,99 €

Home Office Bibel
Digital Leadership | Virtuelle Meetings
Produktives Arbeiten

Home Office – Der Traum des Einen und der Fluch des Anderen klingt nach weniger Stress, weniger Konflikte mit anderen, keine Fahrtwege und mehr Freiraum. Das ist nicht nur der Wunsch vieler Menschen, sondern auch eine absolute Herausforderung.

In der „Home Office Bibel" zeigt Ihnen Daniel Hoch seine wirkungsvollsten Tricks & Rezepte zu den Themen: Digital Leadership, Virtuelle Meetings und Home Office Working. Sie erfahren, welche Prinzipien Ihnen zu mehr Produktivität verhelfen, wie Sie Ihre Selbstmotivation enorm steigern und wie Sie mit Störenfrieden und Fettnäpfchen souverän umgehen.

ISBN Paperback: 978-3-948767-35-8
ISBN E-Book: 978-3-948767-36-5
ISBN Hörbuch: 978-3-948767-39-6

Preis: 14,99 €

Meeting Bibel
Quickie oder Orgie?
Rezepte für perfekte Meetings

Meetings. Jeder kennt sie, keiner liebt sie. Kein Wunder, wenn sie zu ewig langen und einschläfernden Veranstaltungen werden, bei denen nichts herauskommt. Durch schlecht organisierte Meetings verschwenden Sie Energie, Zeit und Geld. Das Potenzial, das im gemeinsamen Austausch steckt, geht meist verloren. Als Führungskraft ist es Ihre Aufgabe, genau dem entgegenzuwirken. Auf provokante Art zeigt Ihnen Daniel Hoch in der „Meeting Bibel" innovative Prinzipien und eine in der Praxis erprobte neue Meetingkultur. Durch wirkungsvolle Rezepte und kreative Tipps zeigt er Ihnen, wie Sie mit simplen Kniffen und Tricks die Qualität Ihrer Meetings sofort enorm steigern. Nicht nur Sie werden beim Lesen der „Meeting Bibel" schmunzeln, sondern auch Ihre Meetingpartner.

ISBN Paperback: 978-3-948767-21-1
ISBN E-Book: 978-3-948767-22-8
ISBN Hörbuch: 978-3-948767-99-0

Preis: 14,99 €

Sales Bibel – Die heilige Schrift
für erfolgreiche Verkäufer im Einzelhandel

Was macht den professionellen Verkäufer aus? Talent? Einsatz? Know-how? Die Antworten gehen von den Grundlagen im Denken bis hin zu extrem treffsicheren Geheimtipps. Aus vielen Strategien, Rezepten und Ideen ist dieses Handbuch entstanden, das als Standardwerk für den Verkauf dient, um eine Top-Performance zu erreichen.

ISBN Paperback: 978-3-948767-19-8
ISBN E-Book: 978-3-948767-20-4
ISBN Hörbuch: 978-3-948767-45-7

Preis: 14,99 €

33 Rezepte
gegen Aufschieberitis

Ohne Schnickschnack – einfach Rezepte, Rezepte und Rezepte. In der Trilogie bekommst Du in jedem Teil dreiunddreißig Rezepte gegen die Aufschieberitis®. Egal, wo sie auftritt, woher sie kommt und welche Ausreden Dich abhalten. Manchmal müssen wir es nicht verstehen, sondern einfach loslegen. Die Ideen und Hilfe bekommst Du hier. Inspirieren und ausprobieren. Tun.

33 Rezepte gegen Aufschieberitis · Teil 1
ISBN Paperback: 978-3-948767-13-6
ISBN E-Book: 978-3-948767-14-3
ISBN Hörbuch: 978-3-948767-48-8

33 Rezepte gegen Aufschieberitis · Teil 2
ISBN Paperback: 978-3-948767-15-0
ISBN E-Book: 978-3-948767-16-7
ISBN Hörbuch: 978-3-948767-49-5

33 Rezepte gegen Aufschieberitis · Teil 3
ISBN Paperback: 978-3-948767-17-4
ISBN E-Book: 978-3-948767-18-1
ISBN Hörbuch: 978-3-948767-50-1

Teil 1, 2 & 3 zusammen
Preis: 24,99 €

Sprücheklopfer?
Inspiration durch Provokation

Daniel Hoch haut mit seiner lockeren und zugleich herausfordernden Art immer wieder provokante Sprüche raus, die zum Nachdenken anregen. In diesem Buch zeigt er insgesamt 52 Sprücheklopfer und welcher Gedankengang hinter ihnen steckt. „Sprücheklopfer?" ist für alle, die gerne den Weg der Provokation, des anderen Blickwinkels nehmen, die schmunzeln, nachdenken und sich angegriffen fühlen wollen. Es ist weder eine Religion, Ideologie, noch ein Lebenswerk. Es ist ein Tagebuch voller Gedanken und Ideen, die dem Menschsein und dem gemeinsamen Lernen entspringen. Immer mit dem Ziel: provozieren, herausfordern, anregen, inspirieren.

Sprücheklopfer? – Inspiration durch Provokation · Teil 1
ISBN Paperback: 978-3-948767-25-9
ISBN E-Book: 978-3-948767-26-6
ISBN Hörbuch: 978-3-948767-43-3

Sprücheklopfer? – Inspiration durch Provokation · Teil 2
ISBN Paperback: 978-3-948767-27-3
ISBN E-Book: 978-3-948767-28-0
ISBN Hörbuch: 978-3-948767-42-6

Sprücheklopfer? – Inspiration durch Provokation · Teil 3
ISBN Paperback: 978-3-948767-29-7
ISBN E-Book: 978-3-948767-30-3
ISBN Hörbuch: 978-3-948767-44-0

Teil 1, 2 & 3 zusammen
Preis: 24,99 €

Sprücheklopfer?
Inspiration durch Provokation
SPECIAL EDITION 1

Daniel Hoch kennt keine Tabus und haut raus, was sonst keiner sagt – dazu gehören auch bitterböse Wahrheiten. Die Sau muss einfach mal rausgelassen werden, denn, wann darf sie das im Alltag schon mal? Die teuflische Variante, die schwarze Edition, enthält 52 Sprüche, die es in sich haben. Sie fordern Dich heraus und inspirieren Dich dazu, Dein Denken zu hinterfragen. Dafür sind Gedanken, Gewohnheiten und Situationen, die Du kennst, teilweise überspitzt, bösartig und satirisch dargestellt. Manche brauchen es einfach ein bisschen härter, um ihren Allerwertesten zu bewegen und den Kopf zum Denken anzuschmeißen. Für genau diese Menschen ist die SPECIAL EDITION der Sprücheklopfer gedacht.

Sprücheklopfer? – Inspiration durch Provokation · SPECIAL EDITION 1

ISBN Hardcover: 978-3-948767-31-0
ISBN E-Book: 978-3-948767-32-7
ISBN Hörbuch: 978-3-948767-38-9

Preis: 14,99 €

Zeitfracht Medien GmbH
Ferdinand-Jühlke-Straße 7
99095 Erfurt, Deutschland
produktsicherheit@kolibri360.de